指導教員のための
初任者研修ガイドブック

準備と進め方のポイント

野田敏孝 著
Toshitaka Noda

北大路書房

■ はじめに ■

　毎年，初任者の先生が全国で数多く採用され，指導教員の先生を中心に，初任者研修が行われています。そんな中，指導教員の先生の中には，「初任者研修の内容が多岐に渡るため，指導のための資料作成が大変だ」「どんな資料を作って初任者の先生に話をしたらいいか，よくわからない」と感じている方もおられるのではないでしょうか。本書は，このように感じている指導教員や，初任者への指導に携わる先生を対象に書いた本です（具体的な指導内容の部分は，初任者の先生が読んでも役立つのではないかと思います）。

　本書は，次の4つの章から構成し，初任者指導を行っていく上でのポイントを示してみました。

> 第1章　初任者研修を始める前に
> 第2章　一般研修の進め方
> 第3章　授業研修の進め方
> 第4章　課題研修の進め方

　「一般研修」「授業研修」といった呼び方が都道府県によって違う場合もあると思いますが，考え方としては共通する部分が多いのではないかと思います。
　また，できるだけ，読者の皆さんに読みやすく，かつわかりやすい本にするために，次のような工夫をしました。
　○基本的に，1つの節ごとに2ページの見開き，または1ページで構成しました。
　○できるだけ，実際の研修で使用した資料を，資料例として具体的に載せ，指導を
　　行う際の参考にしやすいようにしました。

　基本的に各節は独立していますので，どこからでも読むことが可能です。
　目次を見ていただいて，"読んでみたい"と思われたページから御覧下さい。

野田　敏孝

目 次

はじめに　i

第1章　初任者研修を始める前に　1
1節　後補充の先生が決まったら(1)──打ち合わせの前に　2
2節　後補充の先生が決まったら(2)──打ち合わせの実施　4
3節　年間計画の修正（調整）と後補充の先生への日程連絡　6
4節　保護者へのお知らせ──初任者研修への理解と協力を求める　7
5節　週予定表作り──拠点校指導教員の場合　8
6節　初任者の同学年の先生との連携──役割分担の明確化　10

第2章　一般研修の進め方　13
1節　「教室環境の整備」についての指導──掲示物と整理・整頓　14
2節　「年度当初の保護者会（学級懇談）」に向けての指導　17
3節　「家庭訪問」に向けての指導──初任者に具体的な説明をする　18
4節　「学級経営案作成」の指導──目指す姿と手だての明確化　20
5節　「週学習指導計画作成」の指導──なぜ・何を・どうやって　22
6節　「評価」に関する指導──評価・評定・測定の違いに着目して　24
7節　「通信簿の記入」に関する指導　26
8節　「支持的風土の学級づくり」に関する指導　28
9節　「個人懇談の進め方」に関する指導　30
10節　「校内研修への対応」に関する指導　32
11節　「学校行事」に関する指導　34
12節　「生徒指導」に関する指導　36
13節　「教育相談」に関する指導　38
14節　「年度末学級事務」に関する指導　40

第3章　授業研修の進め方　43
1節　初任者の授業の記録の仕方　44
2節　「コーチングを取り入れた指導」の考え方　46
3節　GROWモデルを取り入れたコーチングシートの活用　48
4節　授業の前に，初任者に何を書かせるか　50

5節	授業研修を行うにあたっての留意点　52
6節	先輩教師に授業を見せてもらったら……　54
7節	授業において，初任者が陥りがちな点とその指導　56
8節	授業の見方についての指導　58
9節	教材研究の進め方についての指導　59
10節	子どもの発言力を高めるための指導　60
11節	ノートの役割と活用についての指導　62
12節	学習形態についての指導　64
13節	自評の述べ方についての指導──基本的な順序・内容　66
14節	学習指導案の作成における指導　68
15節	発問・指示についての指導　72
16節	板書についての指導　74

第4章　課題研修の進め方　77

1節	課題研修の内容と意義　78
2節	課題設定に関する指導　80
3節	方途設定に関する指導　82
4節	実践の書き方に関する指導　84
5節	まとめ（成果と課題）に関する指導(1)──記述パターン　92
6節	まとめ（成果と課題）に関する指導(2)──実態調査　94

コラム1	初任者に説明（指導）を行う際の資料作りのために　12
コラム2	仮説を立てて，いろいろなものを観る　42
コラム3	初任者に「得意（専門）教科を1つ作る」ことを勧める　76
コラム4	目指す姿を明確にすることの大切さ　91
コラム5	初任者研修の記録を残すために　96
コラム6	研修日誌は，手書きにするか，それともパソコンで打つか　97

引用・参考文献　98
索引　100
おわりに　102

第 1 章
初任者研修を始める前に

　初任者研修を進めていく上では，後補充の先生や，初任者の同学年の先生方との連携が大切です。
　この章では，初任者研修を始める前に，後補充の先生が決まったら，どのようなことをしたらよいかや，同学年の先生方との連携のあり方などについて，述べています。

1節 後補充の先生が決まったら(1)
──打ち合わせの前に

　後補充の先生とは，授業時間中に初任者の先生が学級から離れて初任者研修を行う際に，初任者の先生に替わって，学級に入っていただく先生のことです。

　地域や学校の事情によりますが，後補充の先生は，校内の先生や，非常勤講師の先生が行うことになると思います。

　まさに，初任者研修を行う上での「縁の下の力持ち」的な重要な存在ですので，初任者研修が始まる前に，しっかりと段取りを考えておくことが大切です。

1. 後補充の先生との打ち合わせまでに決めておくこと

(1) どの日に入ってもらうか（年間計画）を決めておく

　初任者研修の計画書を作成する際に，研修計画が入った学校暦を作成することになると思いますので，その学校暦を使うとよいでしょう。

　いずれにしても年間の見通しをもつことは重要ですので，研修計画が入った学校暦は重要です。早めに作成することをお勧めします。

　なお，研修計画が入った学校暦を作成する際には，初任者の勤務校の学校暦を見ながら，忙しくなることが予想される時期（学期末や運動会などの大きな行事前）をなるべく避けて作成するとよいと思います。

(2) どの時間に入ってもらうか（週時程）を決めておく

　これも，初任者研修の計画書を作成する際に，研修計画が入った週時程を作成することになると思いますので，それを使うとよいと思います。

　非常勤講師の先生に後補充をしてもらう場合には，年間を通した勤務時間が定められていることが考えられますので，(1) と (2) を決めながら，年間を通した勤務時間を考慮し，決められた時間数を超えないようにする必要があります。

(3) 何をしてもらうかを決めておく

　あらかじめ決めておくやり方と，後補充の先生との打ち合わせの中で決めるやり方があります。いずれにしても，パターンとしては，次の2つがあります。

　①教科固定型：入ってもらう教科等を固定する
　②その都度型：入ってもらう教科は固定せず，その都度お願いをする

非常勤講師が後補充を行う場合は、事前に電話で得意教科（特技）を尋ねておくとよいです。音楽や書写が堪能な方であれば、音楽や書写の時間を後補充の時間として優先的に設定すればよいからです。

　また、①の教科固定型の場合、学期末の評価までお願いするやり方もあります。ただし、非常勤講師が後補充を行う場合は、年間を通した勤務時間の関係で、そこまでお願いすることが、時数的に無理な場合もあります。

2. 後補充の先生の保護者への紹介

　4月には、学習参観・懇談がある場合が多いですので、懇談までに後補充の先生が決まっている場合は、懇談時に、校長先生から保護者に、後補充の先生を紹介してもらうようにするとよいです。

　後補充の先生が非常勤講師で、勤務時間ではない場合は、都合がつけば、懇談に合わせて来てもらうという形になります。

　いずれにしても、保護者に紹介をするかどうかは、校長先生に確認をとり、紹介をすることになれば、教頭先生、教務主任の先生に報告をして下さい。

3. 後補充の先生との打ち合わせ日時の設定（後補充が非常勤講師の場合）

　懇談が、非常勤講師の先生が来る最初の日より前にある場合で、懇談（校長先生による保護者への紹介）のときに来てもらえるのであれば、懇談における保護者への紹介の直後に設定するのがよいでしょう。そうすれば、わざわざ打ち合わせのために、また来てもらう必要はないからです。

　なお、打ち合わせのメンバーは、後補充の先生、拠点校指導教員、その学校の校内指導教員及び初任者で、とりあえず支障はないと思います。

 2節 後補充の先生が決まったら（2）
——打ち合わせの実施

1. 打ち合わせ会で後補充の先生に渡す物（例）
①研修計画が入った学校暦

勤務形態別にマーカーを入れます。例えば，
- ・終日校外研修のため6時間勤務の日
- ・午後から校外研修のため12時から勤務の日
- ・一般研修や授業研修のため3（または2）時間勤務の日
- → マーカーの色を変えて，該当の日をぬる，など。

　その際，マーカーの色の意味を余白に書いておく。出勤時刻，退庁時刻も明記しておくとよい。加えて，年間を通した勤務時間の内訳を示した資料も渡すとよいでしょう。

②週時程表
③入ってもらう学級の児童名簿（ふりがなをつけて）
④入ってもらう学級の座席表（黒板側から見たもの）
※③④は担任（初任者）に準備してもらっておきます。

2. 打ち合わせの内容（例）
　後補充の先生と指導教員で行います。打ち合わせの内容によっては，初任者の先生や教務主任の先生に入ってもらうことも考えられます。

(1) 研修概要の説明
　一般研修，授業研修，課題研修，校外研修について，それぞれの研修の主な内容と要する時間の説明をします。

(2) 年間における勤務の全体像を示す
　前記1.の①「研修計画が入った学校暦」を配布し，いつ（何月何日），どの時間に，初任者の学級に入ってもらえばよいのか（非常勤の先生の場合は何時から何時までの何時間の勤務か）を説明します。
※非常勤の先生への勤務時間の説明の際には，研修計画が入った週時程を見せるとよいでしょう。

(3) どんな内容を受け持ってもらうかについての説明

　前もって決めていたのであれば，内容を伝え，お願いする形になりますし，この打ち合わせの場で決めるというやり方もあります。必要に応じて，教科書，ドリル等を用意しておくとよいです。

(4) 今後の打ち合わせの窓口と打ち合わせ方法についての確認

　①打ち合わせの窓口の確認

　　初任者本人か指導教員か学年主任になると思います。学校の実情に応じて決めるとよいでしょう。

　②打ち合わせ方法（後補充が非常勤の先生の場合）

　　例１：FAXの活用（加えて電話もするとよい）

　　例２：（時間があれば）来られたときに，次回の分の打ち合わせ

(5) 職員への紹介の日時の確認（非常勤の先生の場合）

　日時を確認したら，校長先生，教頭先生，教務主任の先生へ報告します。

　児童への紹介は，最初の勤務日に，校長先生からしてもらいます。

3. その他

(1) 事務に関する連絡（非常勤の先生の場合）

　おそらく事務の先生から，通勤に関する書類等を渡してもらうことになるので，最後に事務の先生に来てもらい，事務に関する連絡をしてもらいます。事務の先生に，非常勤の先生へ何か書類，連絡があるかどうかを，事前に尋ねておくとよいです。

(2) 備品の準備

　これは打ち合わせ会後でよいので，事務の先生に，

- 出勤簿（非常勤の先生の場合）　・後補充に必要な教科書１セットずつ
- 採点ペンとスペアインク（必要に応じて）

などの準備をお願いして下さい。その他，後補充の先生に必要な物を書き出してもらい，自己負担してもらわないように配慮します。

(3) げた箱の準備や職員室内の座席の確保（非常勤の先生の場合）

　空いた机があれば，そこへ。なければ初任者の机のそばにパイプいすを置きます。初任者が校外研修で不在のときは，初任者の所に座ってもらいます。

3節 年間計画の修正(調整)と後補充の先生への日程連絡

　本章1節1．の(1)で，後補充の先生との打ち合わせの前に「どの日に入ってもらうか（年間計画）を決めておく」と述べましたが，初任者研修を実施していく中で，計画の修正・調整が必要な場合が出てきます。例えば次のような場合です。

---

①計画作成の段階で，日程をはっきりと確定することができなかったため，日程を"仮決め"しておいた場合
→授業研修で校内の先輩教師に授業をしてもらう場合などです。学習進度等との関係がありますので，年度当初に日程を確定することができず，期日がある程度近くならないと確定できない場合があります。

②年度当初には，はっきり分からなかった校内行事が入ってくる場合
→ゲストティーチャーによる授業や，社会科見学などの学年行事が入ってくる場合などです。また，運動会前に，練習日程割が組まれる場合も，これにあたります。

　後補充の先生にとっては，「計画の修正・調整→日程の確定」が行われないと，勤務日（勤務時間）の確定ができないことになります（研修計画が入った学校暦で，勤務日の大枠は分かりますが）。
　そこで，「計画の修正・調整→日程の確定」が必要になるのですが，では，どのくらいのスパンで行ったらよいでしょうか。
　筆者は，「実際に作成が可能か」「先の見通しがもてるか」の2点から，1か月単位で行うのがよいのではないかと考えています。もちろん，可能であれば，もっと長いスパン［2か月単位等］で行ってもかまいません。
　なお，1か月分の日程が確定したら，日程を書面にまとめて，後補充の先生，初任者の先生とともに，次の方にも連絡するとよいと思います。
　・事務の先生へ：後補充の先生の勤務日把握の関係から
　・給食費担当の先生へ：後補充の先生の給食準備の関係から

4節　保護者へのお知らせ
——初任者研修への理解と協力を求める

　初任者が担任している学級の保護者に対しては，学校から，初任者研修への理解と協力を求める必要があります。
　理解と協力を求める場（方法）としては，次の2つが考えられます。
　　①保護者が来校する場をとらえて，直接，話をする
　　　例：4月の学級懇談の際に校長先生に教室に来てもらい，話していただく。
　　②4月の学期初めの時期に学校からの文書（校長名）を通して，伝える
　①を行えば文書は必要ないかもしれませんが，懇談に来られない保護者もいますので，①＋②の形にすると，よりよいと思います。下に②の文書例を示します。

資料例1-1　学校から保護者への文書

平成○年4月○日

○年○組保護者各位

○○○立○○小学校
校長　　○○　○○

初任者教員の研修について

　陽春の候となりました。保護者の皆様には，いかがお過ごしでしょうか。
　さて，○年○組担任　○○　○○教諭は，本年度，新たに採用された新規採用（初任者）教員です。
　初任者教員は，教育公務員特例法第23条に基づき，1年間，学級担任を行いながら，実践的な指導力を高めるための研修（校内における研修…○○○時間程度，校外［教育センターや教育事務所等］における研修…○日）を受けることになっています。
　校内での研修は，指導教員の○○　○○教諭を中心に，全教職員が協力しながら行い，初任者教員が研修を受けている間は，○○　○○が○年○組に入り，授業を進めます。
　初任者教員は，この研修を通して，教師としての実践的指導力を高め，それを毎日の児童の指導に役立てていくものと確信しています。
　保護者の皆様の御理解と御協力を頂きますよう，お願い申し上げます。

5節 週予定表作り
——拠点校指導教員の場合

　都道府県によって関わり方に差があるかもしれませんが，拠点校指導教員は，自分の学校の初任者だけではなく，他校（兼務校）の初任者の指導も行います。その際，1週間の研修予定表（以下，週予定表）を作成・配付することになります。この週予定表を作成・配付する理由は，以下のとおりです。

①年間計画を修正・調整し，その週の予定を確定するため
　年間の指導計画を立ててはいますが，学校や学年の行事などの関係で，初任者研修の計画を修正・調整する必要が生じる場合があります。

②指導教員が，自分自身のスケジュール（いつ，誰に対して，何の指導を行うか）を明確にするとともに，初任者や後補充の先生，同学年の先生（初任者在籍校の先生）に，初任者研修のスケジュールを知らせるため

〈週予定表作成にあたっての留意点〉

(1) 先を見通して作成する

　（次の(2)とも関連しますが）配付は週ごとでも，作成は，1か月単位に行っておくと，先の見通しが立ちやすくなります（本章3節参照）。

　筆者はA3版横置きの用紙に，表1-1を4つ（2×2）並べ，約1か月分とし，まず鉛筆で，いつ，誰に対して，何の指導を行うかを書き込んでいました。

(2) 学校や学年の行事等と調整をしながら早めに作る

　週予定表の作成を始めると，"スケジュール上これはまずい"ということに気がつくことがありますが，早めに作成を始めておくと，日程的にゆとりをもって調整することができます。

　なお，週予定表配付の時期ですが，週予定表をもとに初任者や後補充の先生が時間割を作成することになりますので，前週の月曜には出したいところです。

表1-1　先を見通すための表

第　　週

	日（月）	日（火）	日（水）	日（木）	日（金）
1					
2					
3					
4					
5					
6					
放					

5節●週予定表作り──拠点校指導教員の場合

資料例1-2　週予定表（3校で4名を担当する拠点校指導教員の場合）

拠点校…A小(初任者a1先生, a2先生)
兼務校…B小(b先生), C小(c先生)

第○週　初任者研修予定表（○月○日～○月○日）　平成○年○月○日
[A小, B小, C小] 拠点校指導教員　○○

勤務	○日（月） A小学校	○日（火） B小学校	○日（水） A小学校	○日（木） A小学校	○日（金） C小学校
1	a1先生 [授業研修17]	b先生 [授業研修16]	初任研資料の作成、日誌整理等	a2先生 [授業研修17]	c先生 [授業研修16]
2	a1先生 [授業研修17]	b先生 [授業研修16]		a2先生 [授業研修17]	c先生 [授業研修16]
3	a1先生〈観察〉 [授業研修17]	b先生〈観察〉 [授業研修16]		a2先生〈観察〉 [授業研修17]	□□先生の授業を参観 [授業研修16]
4	a1先生 [授業研修17]	b先生 [授業研修16]		a2先生 [授業研修17]	c先生 [授業研修16]
給食	a1先生 給食指導〈観察〉	b先生 給食指導〈観察〉		a2先生 給食指導〈観察〉	c先生 給食指導〈観察〉
5		b先生 [一般研修16]	（A小・B小・課題研修）	a1先生, a2先生 [一般研修17]	c先生 [一般研修17]
6		b先生 [一般研修16]		a1先生, a2先生 [一般研修17]	c先生 [一般研修17]
備考	B小→○月○日の研究授業(2)[道徳の時間]に向けての授業準備（随時）	A小：指導主事依頼文書提出	B小：指導案提出		

次週以降に向けて準備・指導する内容や、提出物を記しています。

上の表では、内容を詳しく書けないので、下にコーナーを設けて記しています。

道徳の研究授業が近づく（B小）

　B小では、○日（○）に道徳の研究授業があります。
　授業づくりとともに、教室環境づくりも、計画的に進めていきたいと考えています。
（第○週の研修内容）
[一般16] →一般研修16　B小は「図書館教育」です。
[一般17] →一般研修17　A小・C小は「校内研修への対応」です。
[授業16] →授業研修16　B小は「研究授業(2)(に向けて)」です。
　　　　　　　　　　　C小は「図画工作科の指導法」です。□□先生に、○日（金）の3校時に授業をしていただきます。よろしくお願い致します。
[授業17] →授業研修17　A小は、「ノートの役割とノート指導」です。

6節 初任者の同学年の先生との連携
―― 役割分担の明確化

　初任者研修を進めていく上では，初任者の同学年の先生との連携が重要です。
　校内の指導教員は，初任者が自分の学校にいますので，日常的に，初任者の指導の様子や学級の子どもの様子を見ることができます。
　しかし，拠点校指導教員は，毎日，初任者の勤務校に行くわけではありませんから，なおさら，初任者の同学年の先生の連携が重要になります。
　いずれにしても，校内の指導教員であれ，拠点校指導教員であれ，同学年の先生の役割分担を事前に確認しておくことが大切ではないかと考えます。
　役割分担を確認しておかないと，指導教員と同学年の両方から指導が入り（両方から指導が入ること自体は問題ありませんが），指導教員からの指導内容と，同学年からの指導内容が大きく食い違ったときに，初任者が混乱するからです（食い違いが生じたら，話し合って解決すれば問題ありませんが，拠点校指導教員は，なかなか同学年の先生と話し合う時間をとることが難しいと思います）。
　以下の6点を文書にまとめ，同学年の先生方と確認しておくとよいでしょう。なお，記している内容は筆者の考えですので，学校や学年の実態に合わせてください。

〈事前に役割分担を確認する項目と分担の仕方（例）〉

(1) 初任研の研究授業に向けての指導
　これは，指導教員が行うべきだと考えます（初任者が迷ったり困ったりしている点があれば，同学年に意見をもらい，参考にして指導する）。

(2) 校内の研究授業（主題研究等）に向けての指導
　校内で指導案審議の日程が組んであるなど，校内組織や同学年が作成にかかわる場合は任せてよいと考えます。指導教員については，"必要に応じて相談する"でよいのではないでしょうか。

(3) 授業参観に向けての指導
　同学年で同一内容の授業をそろって行う場合は，同学年の先生に任せてよいと考えます。学年でそろえない場合は，授業に関する指導の一環として，指導教員が指導したほうがよいと思います。

(4) 給食，掃除など，授業以外の時間についての指導

　その学校や学年のやり方に基づいて，両者が指導する形でよいと思います。つまり，指導教員も同学年の先生も，互いに気づいたことがあったら指導するということです（給食や掃除は，その学校や学年のやり方に基づくことを前提に考えれば，指導内容が大きく食い違うことは，頻繁には起こらないと思います）。

　特に拠点校指導教員で，毎日，初任者の勤務校に行けない場合は，同学年の先生に，「もし，時間がありましたら（時どきでかまいませんので），給食準備中の様子や掃除時間の様子を見ていただけると助かります。子どもの様子で気づいたことがありましたら，初任者（必要に応じて指導教員）に教えて下さい」とお願いしておく方法もあります。

(5) 通信簿の記入についての指導

　学習面や生活面の評定のつけ方（学習面であれば評価基準）については，学校や学年としての共通の考え方があるはずですから，基本的に同学年に任せてよいと思います。ただし成績一覧表の提出が求められる場合は，指導教員も目を通し，必要に応じて指導するべきだと考えます。

　所見については，指導教員が指導するのがよいと思います。

(6) 配慮を要する子への指導

　これについても，(4)と同じように，拠点校指導教員で，毎日，初任者の勤務校に行けない場合は，同学年の先生に「自分（指導教員）も気にかけ，指導の仕方について相談にのるようにしておりますが，初任者から相談がありましたらアドバイスをしていただいたり，時どきでかまいませんので，気になる子の様子を尋ねたりしていただくと助かります」とお願いしておくとよいと思います。

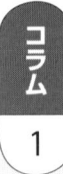

コラム1 初任者に説明（指導）を行う際の資料作りのために

　初任者研修では，指導教員は，初任者への説明（指導）のためのさまざまな資料を作らなければなりませんので，資料作りに苦労しがちです。

　本書で紹介しました資料例をご覧になってお分かりかと思いますが，筆者は，いろいろな書物から引用しながら資料を作成しています。

　そのためには，本を購入する必要があります。

　「資料作りのために本を買うのは，お金がもったいない」という考えもありますが，筆者は，"初任者のために本を読んで資料としてまとめることは，自分自身の勉強にもなる"と考えて本を購入していました。

　考えてみると，本を読んで資料としてまとめ，初任者に説明（指導）をする作業では，次のようなインプットとアウトプットの活動ができます。

　　　・インプットの活動→「本を読む」
　　　・アウトプットの活動→「資料としてまとめる」
　　　　　　　　　　　　　「初任者に説明（指導）をする」

　「インプットしたものをアウトプットする（他人に説明する）ことで，さらに理解が深まる」という考え方がありますが，その考え方に立てば"一番勉強になっているのは，指導教員自身である"とも考えられます。

　とはいえ，自分の専門教科でない内容についての資料も作らなければなりません。そんな時は，月刊雑誌「初等教育資料」（文部科学省教育課程課・幼児教育課編集　東洋館出版社）を使うことを裏技（？）としていました。

　この雑誌を使って資料を作成するよさは，次の2点です。

　　　・文部科学省による編集なので，その教科等を指導していく上で，どんなことに気を付けていかないといけないかが分かる（"ある意味，間違いがない"という安心感がある）。
　　　・安い（文部科学省が出しているから？）。

　ただし，この方法を使うためには，日頃から購入しておき，ある程度バックナンバーを揃えておくことが必要です。「初等教育資料」に限らず，日頃から教育雑誌を購入し，"積ん読"しておくことも大切なことだと思います。

第2章
一般研修の進め方

　一般研修とは，教師にとっての一般的な職務を行う上で必要な内容を取り扱うもので，内容は多岐に渡ります。

　ですから，内容によっては，校内のその内容の専門の先生に，初任者への研修をお願いすることもあります（例：保健指導→養護教諭）。

　この章では，指導教員が担当すればよいのではないかと考えられる主な内容について，実際の一般研修で用いた資料を「資料例」として示しながら，具体的に紹介しています。

1節 「教室環境の整備」についての指導
——掲示物と整理・整頓

　この指導は，最初の学習参観までに，点検を含めて行うとよいです。

1. 掲示物

　「最初の学習参観までに，どこまで（何を）掲示するか」については，学年で打ち合わせをしてもらっておくとよいです。学校や学年で，どこに何を掲示するかについてアウトラインが決まっていれば，それに合わせることになります。下は，初任者に示す資料例です（もちろんこれ以外の項目も考えられます）。

資料例2-1　掲示物について

1. それぞれの掲示物とその意味
(1) 学級目標→学級目標を「教室前面に掲示する」意味
 ・子どもに，目標を意識させるため
 ・教師が，子どもの言動を常に学級目標に振り返って評価するため
(2) 時制（日課表）
 ・1日の時間の流れが，子どもに分かるように
(3) 給食当番（分担）表・掃除当番（分担）表
　当番活動は，学校生活の中で必要なものであるので，誰が何をするのかを明示し，無用な混乱を避けるようにする。
(4) 学習に関するコーナー
　学習内容や学び方のポイントを示したものを掲示する（例えば「算数コーナー」のように1つの教科でコーナーを設置することもある）。
　掲示用に新たに資料を作成してもよいが，次のような方法もある。
 ・授業で使った提示資料をアレンジして（または，そのまま）貼る。
 ・まねしてほしい子どものノート（コピー）を貼る→上手に書けている子をほめる意味もあるが，上手なノートの書き方の実物を示し，こんなふうに書けばいいんだ」というイメージをもたせる意味がある。
　この時期（新学期当初）であれば，全員に自分のめあてを書かせ，掲示してもOK。ただし，「書かせた後，どうするのか」を考えておくことが大切。

(5) お便りのコーナー（学年だより，学級だより等）

特に学級だよりは，重ねて貼ることで"学級の記録"になる。また，教室に貼っておくと，教師にとっても便利なことが多い。

(6) 係活動・クラブ・委員会コーナー（該当学年）

同じ所属のメンバーを分かるようにしていくと，活動にスムーズに移れる。

(7) 上記のほか

　・朝の会，帰りの会のメニュー　　・日直の仕事　　・給食コーナー　など。

2．初任者への補足内容

(1) 作品には，教師からのコメント（を書いた紙）をつける

コメントは，指導のねらいに即してつける。

(2) 背面黒板の使い方

空いているスペースに，1．の(3)～(6)などのコーナーを設置したり（紙の裏にマグネットシートを貼る），詩を書いたりすることもできる。

(3) 図画工作・習字の作品掲示の仕方

教室後方に習字の作品を貼ると，結構スペースをとってしまうので，教室後方には図画工作の作品を貼り，習字の作品は教室側面に下記の方法で掲示するとよい。ただし，採光に注意する。

　［例１］金具をつけて，針金を張り，２段クリップを利用して掲示する

　［例２］金具をつけ，ひもを使って細長い木の板をかけ，板にとめて掲示する

(4) デジカメの活用

　1．の(5)～(6)のコーナーや，めあてを掲示する際には，デジカメを利用した子どもの写真を使う方法もある。デジカメは学級だよりにも活用できる。

(5) ネームプレートの作成

教室環境とは直接関係ないが，ネームプレートを作っておくと，いろいろな場面で使えて便利なので，お勧め（急いで作る必要はない）。

長方形でも，円形（半径３～４cm）でもOK。円形にしたいときは，サークルカッターを使うとよい。

(6) 他の先生方をまねぶ（学ぶ）

他の先生の教室環境を見て回り，「なるほど！」と思ったものを，自分の教室環境に取り入れる。いろんな先生のやり方(教室環境に限らず何事も)をまねぶ（学ぶ）ことが大切。「自分に合うな」と思ったものは，どんどん取り入れて（まねて）いく。

2. 整理・整頓面

下は，初任者に示す資料例です。初任者が自分で行うチェックポイントにもなりますし，指導教員が教室を見るときのチェックポイントにもなります。

資料例2-2　整理・整頓について

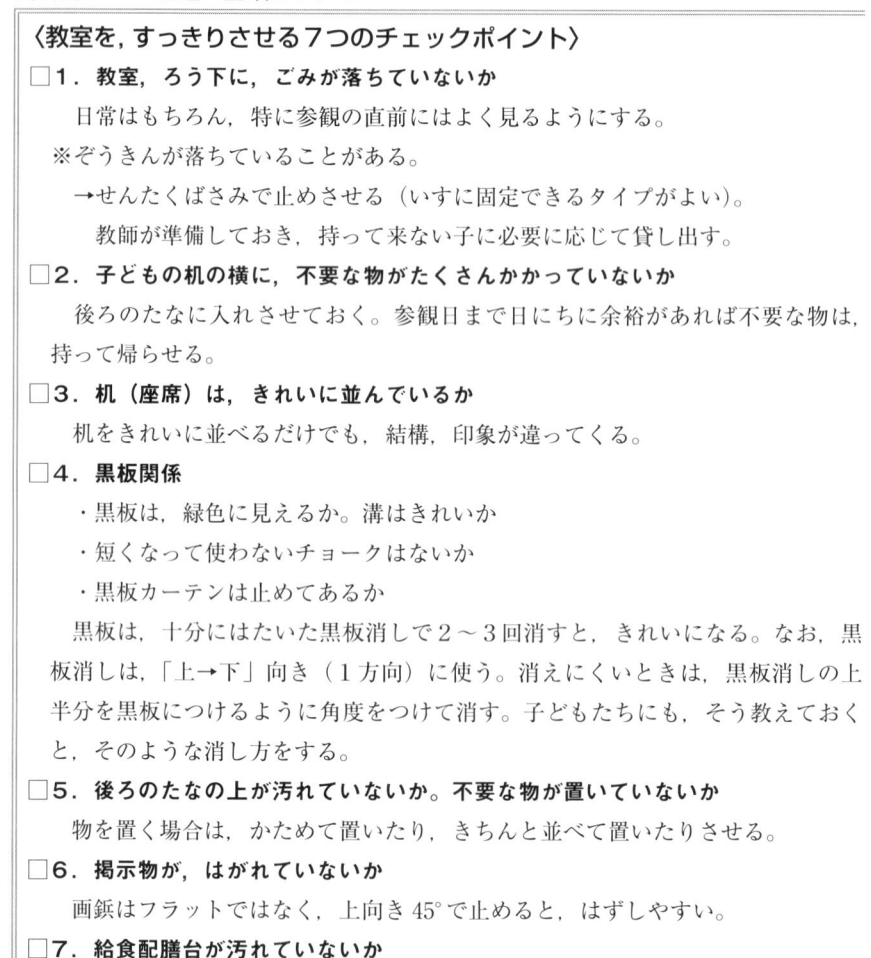

〈教室を，すっきりさせる7つのチェックポイント〉

☐1．教室，ろう下に，ごみが落ちていないか
　　日常はもちろん，特に参観の直前にはよく見るようにする。
　　※ぞうきんが落ちていることがある。
　　　→せんたくばさみで止めさせる（いすに固定できるタイプがよい）。
　　　　教師が準備しておき，持って来ない子に必要に応じて貸し出す。

☐2．子どもの机の横に，不要な物がたくさんかかっていないか
　　後ろのたなに入れさせておく。参観日まで日にちに余裕があれば不要な物は，持って帰らせる。

☐3．机（座席）は，きれいに並んでいるか
　　机をきれいに並べるだけでも，結構，印象が違ってくる。

☐4．黒板関係
　　・黒板は，緑色に見えるか。溝はきれいか
　　・短くなって使わないチョークはないか
　　・黒板カーテンは止めてあるか
　　黒板は，十分にはたいた黒板消しで2〜3回消すと，きれいになる。なお，黒板消しは，「上→下」向き（1方向）に使う。消えにくいときは，黒板消しの上半分を黒板につけるように角度をつけて消す。子どもたちにも，そう教えておくと，そのような消し方をする。

☐5．後ろのたなの上が汚れていないか。不要な物が置いていないか
　　物を置く場合は，かためて置いたり，きちんと並べて置いたりさせる。

☐6．掲示物が，はがれていないか
　　画鋲はフラットではなく，上向き45°で止めると，はずしやすい。

☐7．給食配膳台が汚れていないか
　　見落としがちなので気をつけておく。日常的に気を配っておくとよい。

「年度当初の保護者会(学級懇談)」に向けての指導

1. 準備物についての指導

(1) 机の上に置く名札

画用紙を4分の1程度の大きさの山型に折り，児童の名字を大きく記入します（フルネームでもかまいません）。

基本的には教師が書くほうがよいですが，高学年であれば，児童に書かせても可だと思います。

(2) 保護者会（学級懇談）資料（プリント）

これは，学年主任の先生が，学年統一の資料を作成して下さると思いますので，この資料をもとに，学年主任の先生も交えて保護者会の流れや時間配分を確認しておくことが大切です。

2. 留意点

(1) 話す内容の確認

自己紹介や学級経営の方針については，話す内容を，初任者と十分に確認しておきましょう。場合によっては，原稿を用意してもらう方法もあります。学級独自で配付資料を作成する場合は，その資料の中に，自己紹介や学級経営の方針について，記載しておくとよいです。

(2) 後補充の先生の保護者への紹介

最初の保護者会までに，後補充の先生が決まっている場合は，年度当初の懇談時に，校長先生から，保護者に後補充の先生を紹介してもらうとよいです（第1章1節参照）。その際，指導教員も一緒に入室し，指導教員の紹介も校長先生からしてもらうようにするとよいでしょう。

(3) 保護者会に，指導教員が始めから終わりまで同席するかどうか

指導教員が常時同席していると，保護者が「初任者でまだ頼りないから同席しているのでは……」と思うことが考えられます。いずれにしても，校長先生と相談して"紹介時の入室のみ"か"常時同席"かを決めて下さい。

3節 「家庭訪問」に向けての指導
―― 初任者に具体的な説明をする

　どのように進めたらよいか分からない場合が多いと思いますので、資料をもとに、具体的に説明するとよいでしょう。下は、初任者に示した資料例です。

資料例2-3　家庭訪問について

1. 家庭訪問の目的
　①保護者との相互理解を図る〔親の顔を覚える。関係をつくる〕
　②子どもの家庭（や近隣の環境）を知る〔家の場所、家庭の様子を知る〕
　③家での子どもの生活の様子を知る〔帰宅後の過ごし方や交友関係を知る〕

2. 基本的な構え
　「来てもらうほうが"話す"」「行くほうが"聞く"」のが基本である。
　家庭訪問では、教師が"行く"立場なので、基本的には聞き手でよいのだが、「学校では、どうですか？」と聞かれたら答えないといけない。
　　→一人一人の子どもについて、学校での様子について"よいところ"を話せるように準備しておく。
　親から聞かれなくても、こちらから話すと、話もスムーズに進む。
　「学校では……ですが、お家ではどうですか？」と切り替えに使うのもよい。
※家庭調査票や保健調査票を見て、特記事項がないか、チェックしておくとよい。尋ねる内容のネタになる。
※子どもが在宅しているときには、子どもも交えて話し合うのもよい。話が具体的になる。よい点は、直接励ますことができる（途中からがいいかもしれない。それまでの保護者との話と関連して、子どもと話ができるので）。

3. 尋ねる内容
(1) 学校から帰ってからの過ごし方
　保護者の返答をもとに、尋ねる内容をふくらませていく。
　「習い事」「お手伝い」「勉強（宿題）をする時間帯や場所」など。
　一人でずっと過ごしているようであれば、保護者と話を進めながら確かめておく。

【切り込み方の例】
「○○さん，いないみたいですが，どこかに行っているんですか？」と尋ね，
　・「遊びに行っている」ということであれば，
　　→「誰と一緒に遊んでいるんですか」
　　→「日頃も○○さんと遊ぶことが多いのですか」
　　→「○○（場所）で遊ぶことが多いのですか」
　　など，そこからいろいろ尋ねてみる。
　・「家（自分の部屋）にいる」ということであれば，
　　→「日頃も，帰ってからは，お家にいることが多いのですか」と尋ねてみる。
　・「習い事に行っている」ということであれば，習い事について尋ねてみる。

(2) 学校から帰ってからの友達（遊びの内容）

　「家に帰ってから，誰とよく遊んでいますか」などと尋ね，学校での友人関係と重ね合わせながら聞き，児童理解を深める。

(3) 学校や担任に対する要望

　親から尋ねられ，学校や学年で確認してから返事をしたほうがよいと思われる内容は，その場で返事をせず，後で返事をする旨を伝え，学年主任や指導教員に相談し，教頭，校長に報告する（尋ねた保護者へのその後の連絡・対応を忘れずに）。

(4) 終わり方

　時間の最後を見計らって「あと，特に私が知っておいたほうがよいことはありませんか」と聞く方法がある。保護者が「特にない」旨を話したら，「では，何かありましたら，いつでもご連絡下さい。今日はありがとうございました」と言って終わる。

4. 留意事項

(1) 予定時刻を守る

　事前に地図で場所をチェックしておくとよい。
　※余談だが，家庭訪問のときは，（天気がよければ）自転車が便利。
　　自転車のよさ：好きな所に気軽に止めることができる。小回りがきく（自動車だと，駐車スペースを確保するのが大変な場合がある。また，路地で一方通行があると困る）。だからと言って，自動車がいけないわけではない。なお，自動車には子どもを乗せたり道案内をさせたりしないこと（事故があってはいけないため）。

(2) 訪問時間を均等にする

　信頼を得るには，公平が第一。

4節 「学級経営案作成」の指導
──目指す姿と手だての明確化

　目標を目指した意図的・計画的教育の営みには，経営案は欠かせません。
　学級経営案の形式は各校でさまざまですが，基本になることは，
　　・学校の教育目標と児童の実態をもとに目指す姿（学級の教育目標）を決める
　　・目指す姿（目標）を達成するための手だてを決める
の2点だと考えます。下は，初任者に示した資料例です。

資料例2-4　学級経営案作成について（山本，1989；高嶋，1989より作成）

1．学級の教育目標
(1) 設定の手順
　　学級の実態を考慮しつつも，学校の教育目標から，下降的に設定していく。

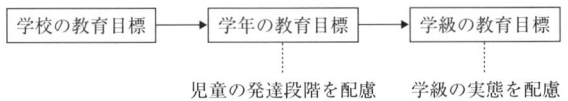

(2) 目標表現上の留意点

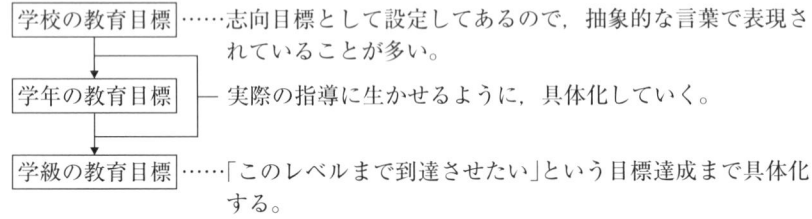

　　例えば，「助け合う子」では抽象的であるので，「困っている友達を見かけたら，『どうしたの？』と言える子」と具体化する。
　　どんな姿なのか，子どもに説明できるようにすることが大切。

2．学級の教育目標を達成していく場
〈全教育活動の中で〉

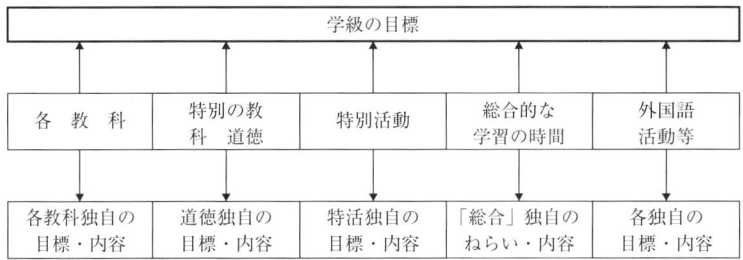

3. 学級経営案作成の手順

(1) 学校・学年の教育目標や経営構想,努力点を十分に理解する

(2) 学級の児童の実態を把握する〔どんな子どもたちなのか〕

　児童一人一人への理解を深めるとともに,学級の雰囲気や児童相互の関係,保護者の意識などを知り,学級としての特徴を把握する。

(3) 学級の教育目標を明確にする〔どんな子どもにしたいか〕

　学校・学年の教育目標 ｝ をもとに,「どんな子どもに」「どのような学級に」育ってほし
　学級の児童の実態　　　 いかを考え,学級の教育目標を設定する

　※担任の「願い」が十分に入ったものになるようにする。

(4) 学級経営案の形式にそって,項目ごとに,指導の重点と手だてを決める
　　　　　　　〔重点化＋「そのために」どうするのか→手だて〕

　学級目標が決まっても,それを掲げておくだけでは何もならない。

　指導の及ぶすべての教育活動において,「何を」「いつ」「どのような方法で」行うことが,目標に迫る上で効果的であるかを考える。

※特に重視する指導の重点,努力点を決める（「これだけは達成したい」という内容にしぼること）。

(5) 学級経営案に基づいて,実践を評価する〔経営案の修正〕

　月末や学期末に,どの程度,指導ができ,子どもの姿として具現化できたのかを,振り返り評価する。評価した結果は,経営案の修正に生かす。

　実践を通して,修正・改善されていく「成長する学級経営案」でありたい。

　　指導教員が以前に書いた経営案を初任者に見せると,形式は違っても具体的な手だてがイメージできますので,参考になると思います。

5節 「週学習指導計画作成」の指導
―― なぜ・何を・どうやって

　週学習指導計画は，学校の教育目標達成を目指した，具体的・実践的な週単位の指導計画です（筆者が勤務している地域では，「週案」と呼ばれていますので，以下，週案と略記します）。
　つまり，各学校の教育課程の具体的・実践的な姿が，週案となって現れるといえます。教務主任の先生に指導（説明）してもらう場合が多いかと思いますが，下は，「なぜ書くのか」「何を書くのか」「どうやって書くのか」を中心に柱立てした，初任者に向けた資料例です。

資料例2-5　週案作成について

1. なぜ書くのか：週案の意義（重要性）
(1) 教育課程の法的位置づけから
　教育公務員として，子どもへの指導は，各学校の教育課程（カリキュラム）に基づいて行わなければならない。教育課程については，その編成，授業時数，基準について，学校教育法施行規則の第50条，第51条，第52条にそれぞれ定められている（各教師の個性や創造性を生かして指導をしているが，基本的に学校の教育課程に基づくものである）。

(2) 管理面から（自分自身が自分の指導を管理する面も含めて）
　①内容管理
　（内容の指導が適切に行われているか）
　②時数管理
　（時数の確保がなされているか）
　③指導記録管理（指導の記録を残しておく）

> 各学校の教育課程に基づいて，意図的・計画的な指導がなされているか
> ※行き当たりばったりではいけない。

　あってはいけないことだが，事故が発生した時，事前にどのような指導を行ったかを記録しておく（いつ，どんな指導をしたか）ことで，指導をしたことの証拠となる。
　※職員会議等での連絡（指導）事項を朝の会や帰りの会で話した時など，子どもたちに指導した内容を記録する。子どもの事実（トラブル等の学級での気になる出来事）を書いておくことも大切。

2. 何を書くのか（記入事項）：内容管理，時数管理の面から

「単元名」「配時」は，各校共通で記入することになると思われる。これに加えて何を記入するかは，各校で違う。考えられる内容としては次の3つがあるので，教務主任の先生から出ている資料を見るなどして確かめておく。

・ねらいを書く　　・活動内容を書く　　・めあてを書く

※実施後，記載内容からの変更点があれば，朱書きする。
※必要に応じて，気づいた点を年間指導計画に書き込んでおくとよい（次年度の教育課程編成の際の有益な情報になる）。

3. どうやって書くのか：作成の手順例

①年間指導計画を見る→単元の目標，大きな流れを把握する
　〔年間指導計画に基づく作成〕
②1単位時間のねらいを検討する〔ねらいの明確化〕
③ねらいをもとに，学習のめあてや活動内容，手だてを検討する
　〔授業イメージづくり〕
④週予定表を見て，行事を確認しながら，教科名等を書き込む
　（トータルの時数を調整しながら行う）
⑤検討したねらい等（各校で決まっている記入内容）を書き込む
※④の作業を先にして，①～③の内容を後に行う書き方も，もちろんあります。

4. 週案作成に関わって

①ねらいや活動を書き込む（考える）ことで，授業の具体的なイメージがわく
　→週案作成が，授業づくりに直結する。「使える週案！」に。
②週案を作成しながら，「この日，頑張る1時間」を決めるとよい。つまり「この日は，この1時間を特に重点的に指導しよう」ということを考えること。そのことで，子どもに力をつけることができる。教科でしぼって考えるのもよい。

　資料例2-5の2．では，「教務主任の先生から出ている資料を見るなどして確かめておく」としていますが，週案の作成については，校内文書が出されている場合がありますので，指導教員が資料を入手し，その内容を入れ込んだ初任者への配付資料を作る方法もあります。
　資料例2-5には入っていませんが，週案を「いつ」「どこ（誰）」に提出するのかを確認した上で，その内容を配付資料に入れ込んでおくことも大切です。

6節 「評価」に関する指導
——評価・評定・測定の違いに着目して

　以下は，石田（2006）の論を参考にしながら評価・評定・測定の違いに着目して，初任者に向けて作成した資料例です。評価についての各論については，教育心理学の本を参考にするなどして作成するとよいと思います。

資料例2-6　評価について（石田，2006より作成）

1．評価とは

定義・その1
　①教育によって生じた児童生徒の人格や行動などの変化を，②一定の価値基準に照らして判定することを中心に，③その変化の背景となっている諸条件の価値をも判定し，改善する営みである。

①…例「教育によって，山という字が読めなかったのが読めるようになった」といった類のこと
　・「山が読める」ようにしたい→指導目標
　・「山が読める」ようになった→目標の実現
　・変化：目標が一つひとつ実現していくこと

②…3つの価値基準
　・「目標基準」→絶対評価
　・「集団基準」→相対評価
　・「個人評価」→個人内評価（横断的・縦断的）

③…諸条件→教師の指導，児童生徒の学習，整備されている学習環境などのこと
　それらが，目標の実現によく機能していれば，そのまま続けてよいが，十分機能していなければ，機能するように改善する。
※石田（2006）は，最後の部分について，「改善して教育をし直し，目標を実現する営みとしたい」と述べている（巻末の引用・参考文献参照）。

> **定義・その2**
> 教育の成果，教育の過程，教育の諸条件などについてのデータを集め，教育的決定の資料となるような形に処理して示すこと。

指導の過程に，事前（診断的評価），途中（形成的評価），終わり（総括的評価）で評価が行われるようになり，従来の定義（その1）では不十分となり，「その2」のような定義が必要になってきた。

2. 教育測定・評定との区別

(1) 教育測定

> 「観察，テストなどによって，児童生徒の目標の実現状況を明らかにし，数量的に表す操作」

- 教師は，「逆上がり」ができるようにするために指導して，その成果を観察し，できた，できないを採点する。
- 「山」が書けるようになるように指導し，書けるようになったかどうかはテストで確かめる。

いずれも，目標の実現状況を明らかにし，数量的に表す教育測定である。これは，教育評価ではないが，教育評価にとって重要な評価資料の収集である。

(2) 評定

> 「観察，テストなどによって，児童生徒の目標の実現状況を明らかにし，あらかじめ設定した基準にしたがって，点数や記号などを付与する操作」

- テストによって，80点以上はAとするという基準にしたがって，90点であった児童生徒にAをつける→「評定」

したがって観点別学習状況のある観点に，A，B，Cの成績をつけるのは評定である。
目標に準拠した**評定**というべきだったものを，目標に準拠した**評価**といったために，教師は評定をしたことが評価をしたことになると誤解した（石田，2006）。

3. まとめ

教育評価の定義から，成績をつけることで終わったら評定であり，それを資料として，指導，学習，学習環境を改善し，指導，学習をし直して目標の実現を目指すのであれば，評価になる。

- テストをすることは，**教育測定**
- 成績をつけるのは**評定**

7節 「通信簿の記入」に関する指導

　第1章6節の(5)で述べたように，学習面や生活面の評定のつけ方（学習面であれば評価基準）については，学校や学年としての共通の考え方があるはずですから，基本的に同学年に任せてよいと思います。ここでは，所見の指導を指導教員が行うという立場に立ち，初任者に向けた資料例を紹介します。

資料例2-7　所見の記入について（春日市立春日小学校，1999より作成）

1．所見記入上の留意点
(1)「ほめる」ことが第一である
　「その子のよさを伸ばす」視点から，頑張ったことやよくなってきたことなどを記述する。本人の励みになるように配慮して所見を書く。
(2) 多様な資料の収集をする
　①その子のよさを発見するには，学習面だけではなく，さまざまな場面で多面的にとらえることが大切である。
　②時間の推移に着目した実態把握が大切である。説得力のある所見を書くためにも，具体的な事例の収集が大切である（氏名印を打った記録帳の活用）。
(3) 学校でなすべきことを，家庭に押しつけた記述を避ける
(4) 誤字や脱字には，十分留意する
　保護者から評価されているといった自覚に立つことが大切である。自信がない字については，辞書で調べる配慮が必要である。
(5) 表現は分かりやすくする
　難しい教育用語や具体性が欠ける表現は避ける。
(6)（これは所見とは関係ないが）ゴム印は正確にきれいに打つ（特に1学期）
　ずれたり，はみ出したりしないようにする。インク等の汚れにも注意する。

2．所見の書き方と文章タイプ
(1)「所見」は，保護者あての文章である
　①文章は，敬体で書く。
　　「……しましょう」「……頑張りましょう」などの子ども向けの文章ではなく，「……できるようになりました」などの保護者あての文章を書く。

②担任がすべきことを，子どもがしているということでほめる記述は避ける（「……してくれました」「……してくれるので助かります」などの表現はしない）。

(2) マイナス面についてふれる場合は，次のような表現の工夫をする
①「やや」「少し」「時どき」「まれにですが」など，まれに見られることであることを示す表現を使う。
②「欲を言えば……」「さらに望めば……」など，教師の期待を込めた表現を使う。
③「この時期の児童によく見られることですが……」といった全体的傾向，発達段階における傾向であることを示す表現を使う。
④「……について続けて指導していきます」「……の指導に力を入れたいと思います」など，教師の指導の方向を示す表現を使う。

※マイナス面については，個人懇談や電話で話し，文章に残さないことが望ましい。

(3) 文章のタイプ
① ［△→○］型
例：「学期当初は，なかなか発表することができなかったのですが，意図的に発表の機会を設けたことにより自信をつけ，学期後半からは，自分から進んで発表することができるようになってきました。」

② ［○→△→〈指導〉］型
例：「学習面ではやる気はあるのですが，学習内容を理解するまでにやや時間がかかることがあります。基礎を固めるために，今後，教科書の音読や基本となる問題の練習を繰り返しさせていきたいと考えています。」

③ ［○→○］型
例：「社会科では，集めた資料をもとに，考えを整理し，ノートにまとめることができました。粘り強く課題をやり遂げる姿勢が大きな成果をあげています。発言も増え，自信をつけています。」

④ ［関心・意欲・態度］付加型
例：「読書が好きで，学習したことをさらに深めようと，図書室で関連した本を読むなど，たいへん意欲的です。」
　「漢字や言葉の学習に対して積極的で，確実に身につけようとする努力に感心しました。さらに，学んだことを使って，作文などにうまく表現できるように指導していきたいと思っています。」

(4) おわりに（伝わりやすい所見を書くために）
資料を多面的・継続的に集め，言葉を十分吟味する。

8節 「支持的風土の学級づくり」に関する指導

　学級の雰囲気には，教師の言動が大きな影響を与えます。ですから，学級の雰囲気をつくっていく上では，教師が子どもに，意識的・意図的に働きかけや声かけを行っていくことが大切だと考えます。
　以下は，片岡ら（片岡，1981；片岡・倉田，1984）の書物を参考にしながら，支持的風土の学級づくりについてまとめた，初任者に向けた資料例です。

資料例2-8　支持的風土の学級づくりについて

（片岡，1981；片岡・倉田，1984より作成）

1. はじめに
　「受け入れられている」「支えられている」という意識が，学習意欲や積極性を生み出す。

2. 支持的風土について
(1) 支持的風土と防衛的風土
　支持的風土とは，互いに「信頼し合い」「支え合い」「励まし合い」「思いやる」集団の雰囲気（学習の目標には厳しく迫るが，学習の仲間には思いやりの心をもつ）。
　防衛的風土とは，「人をけなし」「やっつけ合い」「ビクビクと自分を守ろうとする」集団の雰囲気。

(2) 支持的風土と防衛的風土の主な対比

支　持　的　風　土	防　衛　的　風　土
仲間との間に自信と信頼がみられる	仲間との間に恐れと不信がみられる
何でも言える楽しい雰囲気	攻撃的なとげとげしい雰囲気
組織として，寛容と相互扶助がみられる	組織として，統制と服従が強調される

3. 支持的風土をつくるために
(1) 相手の身になって考えさせる（話し合い活動の中で）
　「『○○さんが，今，言ったことを，簡単に言うと，こうなるよ』と言える人？」
　「『○○さんが，言おうとしていることは，こうじゃないかな』と言える人？」

「『〇〇さんが，きっとこのことを言い間違えたのではないかな』と言える人？」
「『〇〇さんがつまった後を，続けられる人？　〇〇さん，違っていたら，後で言ってあげてね。」

(2) 間違いを恐れさせない
　①まず，相手の間違いを笑ったり馬鹿にしたりさせない。もしも，そういう行いを示した子がいたら，厳しく叱らないといけない。
　②間違えた子どもに対して，いたわりの言葉をかける。
　　「残念だったね」「惜しい」「気にしない，気にしない」など。
　③励ましと賞賛を，教師が進んで行う。
　　「考える人は間違うんだよ」「考えない人は間違わないんだよ」「間違うのは，考えている証拠だね」など。
　→間違うことは恥ずかしいことではないことを，教師が力説する。
　④さらには，感謝を示す。
　　「間違いが出て，正しい考えが光る」「間違いの中から，正しい答えが見つかる」「失敗は成功の母！」など。
　このようなことを，教師が日頃から言っておく。標語のように，教室に掲示してもよい。

(3) 友達の考えや行動の中から，長所「よさ」を見つけさせる。
　どの子の発言も分けへだてなく聞かせる。
　→友達のよい考えに気づかせ，取り出させる。
　　・1時間の授業の後で　・帰りの会で
　　・係活動で　　　　　・日記で　など
　教師がよさを見つけ，子どもに知らせていく方法もある。
※子どもの発言を生かすことができるように，教師が，しっかりと教材解釈をして，学習内容に詳しくなっておく。
※防衛的風土をつくるには……（支持的風土づくりの反面教師として）
　・点検・追及を軸に，減点法を用いたり，やたらと「班競争」を仕組んだりする。互いの欠点を指摘し合わせる。

4. おわりに
　「自らには厳しく，相手には思いやりを」となる子どもと自分自身を目指して。

9節 「個人懇談の進め方」に関する指導

「話す内容の準備をしておく」「時間を守る」などの基本的な留意点は，家庭訪問と同じです。なお，以下の初任者に向けた資料例は，3学期制で，個人懇談を夏休み（7月）に行っている場合の例です。

資料例2-9　個人懇談について

1．個人懇談の目的
　保護者との間で，子どもの姿や今後の方針等についての相互理解を図るとともに，子どもについての情報交換を行う。

2．準備について（準備が重要）
(1) 子どものプラス面（いいところ）を中心に話す
　子どものプラス面（いいところ）を中心に話せるように準備をしておく。通信簿を作成するときに，子どもについての情報を集めているので，その中で，「通信簿」の中に表現しきれなかったいいところや「特にこれは伝えたい」ということをピックアップして，メモしておくとよい（話したほうがいい「改善すべき点」があれば，合わせてメモしておく）。

(2) 生活全般についての話ができるようにする
　学習面の話ばかりではなく，生活全般についての話になるように，いろいろな面から記録を準備しておく。何か尋ねられたときは，それを見ながら答えてもよい（教師の記録は，保護者に見せる必要はない）。

3．進め方について
(1) 基本の姿勢
　「来てもらうほうが"話す"」「行くほうが"聞く"」が基本であるので，個人懇談では，教師が学校での子どもの様子を話す（説明する）のが基本。
　しかし，一方的に話すだけではいけないので，保護者に尋ね，その答えをきっかけにしながら話を進めていくとよい。

(2) メモを活用する
　メモをもとに，まず，「子どものいいところ」から話を切り出す。「〜ことに感心

しました」「～がすごいですね」「通信簿にも書いたのですが……」「通信簿には，書ききれなかったのですが……」など。

(3) 具体的に話す

1学期の最後に，子どもにアンケートなどをしていれば（または，作文などの作品を保管していれば），子どもが書いたものを見せながら「こんなふうに書いていましたよ」と具体的に説明することができる。

また，「通信簿」を渡して間もないので，「家に帰って，通信簿のことで，どんなことを話していましたか」と尋ね，その答えから話を進めていくこともできる。

(4) 指導の方向を示す

マイナス面にふれるときは，「……な点が惜しかったです」「もっと，こうすると（こんなことに気をつけると）さらによいです」などの表現の工夫をするとともに，教師の指導の方向を示すこと。

(5) 最後に

「教師が，学校での子どもの様子を話す（説明する）のが基本」なので，最後は，「あと，何かお尋ねになりたいことはありませんか」と，保護者に聞いて終わるのがよいと考える。保護者が「特にない」旨を話したら，「では，何かありましたら，いつでもご連絡下さい。今日はありがとうございました」と言って終わる。

4．留意事項（基本的には，家庭訪問と同じ）

①予定時刻を守る。
②懇談時間を均等にする。信頼を得るには，公平が第一。
③保護者から尋ねられ，学校や学年で確認をしてから返事をしたほうがよいと思われる内容は，その場で返事をせず，後で返事をする旨を伝え，学年主任や指導教員に相談し，教頭，校長に報告する（その後の保護者への連絡・対応を忘れずに）。
④「教師が，学校での子どもの様子を話す（説明）するのが基本」だが，保護者が話したがっているときは，まず，聞き手に徹し，よく話を聞く。
⑤他の子どものことについてはふれない。ちょっとした内容でも，保護者の間ではすぐに伝わる。他の子どもと比較するようなことは言わない。
⑥メモは，保護者の前ではとらないことが原則であるが，重要な話が出たら，「大事なことなので，メモをさせてもらっていいですか」と尋ね，確かめてからメモをとってもよいのではないかと考える。

10節 「校内研修への対応」に関する指導

　校内研修（ここでは授業研究に限定）では，実際に授業を行い，他の先生方から見てもらう研修と，他の先生の授業を見て学ぶ研修があります。
　次の初任者に向けた資料例2-10は，後者の研修に関する内容がメインです。

資料例2-10　校内研修への対応について

> **1. 校内研修の意義**
> 　校内研修によって，自分の実践を見直し，高めていく（教師の力量を高める）ことは，子どもを伸ばしていくことにつながる。
> ※校内研修は，教師のためでもあり，子どものためでもある。
> ※ともすれば，研究授業がすんで「一件落着」と思いがちであるが，そうではない。研究授業は，ひとつの節目であり，大切なことは日常指導である。研究授業を通して学んだ内容（自分の授業から，他の先生の授業から）を日常指導で生かしていくことが重要である。それが，研究の日常化につながる。
>
> **2. 校内研修から学ぶ（「校内研究」を自分が学ぶ場として有効に活用する）**
> **(1) 学習指導案から学ぶ**
> 　①その先生は単元の目標をどうとらえているか
> 　　→「それは妥当か」と考え，自分の考えをもつ。
> 　※学習指導案とともに「解説」を読んで確かめる。
> 　　学習指導案を「解説」と合わせて読むことは，いい勉強の場になる。
> 　　指導案審議や協議会で気づいたことを「解説」の関係ページに書き込んでおくのもよい（書いた物が散逸しない）。
> 　　自分の専門でない教科も，このようにして自分で勉強の場をつくるとよい。
> 　②研究のサブ・テーマ（手だて）は，どう位置づけているか
> 　・単元の中でどう位置づけているか（指導計画を見る）。
> 　　→「それは妥当か」と考え，自分の考えをもつ。
> 　・1単位時間の中には，どう位置付いているか。
> 　　そのための活動や手だてはどうなっているか（学習指導過程を見る）。
> 　　→「それは妥当か」と考え，自分の考えをもつ。

③分析の視点は適切か
・投入条件は明確か（仮説が焦点化されているか，何をどう工夫するのか分かるか，それは，研究内容とかかわっているか）。
・目指す姿は明確か（子どもの姿が具体化されているか）。

(2) 授業から学ぶ
①授業を見る場所
　　後方は子どもの表情や活動の様子が見えにくい。横側からだと見やすい。
②観察の対象
　　全体を観察してもよいが，1〜2人にしぼって，観察・記録してもよい。
③授業の見方
　　ア．（あれば）授業分析の視点にそって見る
　　　・○ならば，何がよかった（有効に働いた）からか。
　　　・△や×であれば，どうすればよかったのか→自分なりの代案をもつ。
　　イ．授業分析の視点から離れて見る
　　　・子どもの意識のつながり，目的意識はどうか。
　　　・活動は旺盛か。
　　　・教師の指示や発問は適切か，など（気づいたことは，自分のメモとして記録するとよい）。
　　　・よかった（参考になる）点は，何か。それはどういう点でよかったのか。
　　　・疑問点があれば，どうすればよかったのか→自分なりの代案をもつ。
　　子どもの発言の仕方などが参考になる場合は，「日頃，どんな指導すれば，このようになるのか」を考えてみること（必要があれば，聞いて教えてもらうこと）。
　　デジカメを持参し，板書や教室環境など，参考になるものを写真に撮る。
　　授業中は，指導案ばかり見ない！　指導案は，あとからいくらでも読める。まずは，目の前の子どもの姿に注目する（ライブが第一）。
　　協議会で発言するつもりで考えると，自分も真剣に見るし考える。

(3) 協議会から学ぶ
①子どもの姿を報告するだけなく，意見を出す場があれば，発言する（疑問点は聞く，自分の考えを出して確かめる，代案を出す，など）。
②協議会の記録は，指導案の裏などには書かない（ノートがお勧め）。大事だと思う内容は，「解説」に書き込んだり，資料を縮小して「解説」に貼ったりする。

11節 「学校行事」に関する指導

学校行事の指導をする上で，筆者が大切だと考えることは次のことです。

> その行事を通して，子どものどんな姿を目指すのか，そのねらいを意識して指導すること。

ともすると，学校行事を「行うこと」が"目的"になってしまいます。
しかし，学校行事は，「ねらい」（学校の教育目標）を実現するための"手段"です。
ですから，「行事のための行事」「いつもやっているから（安易に）今年も同じようにやる」にならないようにすることが大切ではないかと考えます。
次に示すのは，『小学校学習指導要領解説　特別活動編』（文部科学省，2008）をもとに，「体育(保健体育)における集団行動指導の手引（改訂版）」（文部省，1993）の内容を加えて作成した資料です。
前書では，p.88～103に，学校行事について詳しく述べてありますが，最後の方に書いてある「学校行事の内容の取扱い」（p.100～103）は，つい見落としがちになります。そこで，下の資料は，前書の「学校行事の内容の取扱い」を中心に作成したものです。
なお，上述した，"ねらいの大切さ"については，「3」で取り上げています。

資料例2-11　学校行事について（文部省，1993；文科省，2008より作成）

1. 体験活動を通して気づいたことなどを振り返り，まとめたり，発表し合ったりするなどの活動を充実する。
   ※学校行事においては，特に，言語力の育成や体験したことからより多くのことを体得させる観点から，「体験活動を通して気づいたことなどを振り返り，まとめたり，発表し合ったりするなどの活動を充実する」ことが求められる。
   　その際，その場限りの体験活動で終わらせることなく，事前にそのねらいや意義を児童に十分に理解させ，活動についてあらかじめ調べたり，準備したりすることができるようにするとともに，活動の節目や事後に，話す，聞く，読む，書くなどの活動を効果的に取り入れることが求められる。

2. 活動の内容については，多すぎたり，高度のものを求めすぎたりして，児童の

負担が過重にならないように，児童の発達の段階や行事の内容などについては十分留意する。

3．学校行事は，総合的な活動であるだけに，ややもすると，ねらいが不明確になりやすいので，個々の行事のねらいを明確に設定して実施することが必要である。
　　その際，児童一人一人が行事のねらいを明確につかみ，積極的に活動できるようにするため，事前・事後の指導についても十分に留意し，指導の効果を高めるように配慮する。

4．全校または学年という大きな集団が1つのまとまりとして組織的に行動するところに教育的価値があり，その計画や指導に当たっては，<u>体育科における集団行動の指導との関連を十分に図る必要がある</u>。
　↓

【集団行動指導上の留意事項〜体育（保健体育）で指導する際の留意事項〜】
　文部省（1993）では，7点から述べられていますが，その中から「集団の大小に留意し，行動様式の指示や合図が徹底するよう十分考慮すること」を取り上げます。

> 　集団の大きさの程度や集団の行動の仕方に応じて，合図の仕方や指導者の位置，声量などを工夫し，行動様式の指示や合図の徹底を図る必要がある。
> 　なお，笛は，大きな集団への合図や活発に動き回っている児童生徒への合図として有効である。しかし，笛も多用したり，吹き方に注意しないと，合図としての効果が薄れてしまうだけではなく，児童生徒に不快感を与えるので，笛の使用は最小限にとどめた方がよい。
> 　集団全体に行動を起こさせるための合図は，声量とともに予令と動令の掛け方の工夫が大切である。例えば，「前へ（予令）…進め（動令）」という合図では，「前へ」の予令は次の行動の予告であるから，全体にその意図が伝わるように，大きな声ではっきり発声する。続いて次の行動に移るための間合いをおいた後，「進め」の動令を掛ける。この「進め」の動令は，行動に移る合図であるから，全員が一斉に発進しやすいように短く力強く発声する必要がある。

5．いずれの種類の行事においても，児童の健康と安全を図ることについて十分配慮し，事故防止のために万全の計画を立て，不測の事態に対しても適切に対応し，必要な処置がとれるようにする。

12節 「生徒指導」に関する指導

生徒指導については，下の3点を取り上げた資料を作成するとよいでしょう。
・積極的な生徒指導・消極的な生徒指導
・生徒指導が機能概念であること
・生徒指導の3つの視点〔自己存在感，共感的人間関係，自己決定〕

資料例2-12　生徒指導について
（文部省，1988；文部科学省，2010；坂本，1982；福岡県教育委員会，2003より作成）

1．生徒指導とは

> 生徒指導とは，一人一人の児童生徒の人格を尊重し，個性の伸長を図りながら，社会的資質や行動力を高めることを目指して行われる教育活動のことです。（中略）各学校においては，生徒指導が，教育課程の内外において一人一人の児童生徒の健全な成長を促し，児童生徒自ら現在及び将来における自己実現を図っていくための<u>自己指導能力</u>の育成を目指すという生徒指導の積極的な意義を踏まえ，学校の教育活動全体を通じ，その一層の充実を図っていくことが必要です。
>
> （文部科学省，2010）※下線は筆者による。

　　自己指導の力…このとき，この場で，何がいちばん適切な行動かを自分で考えて
　　　　　　　　決めて，実行することができる力（坂本，1982）

2．消極的生徒指導と積極的生徒指導

　生徒指導は，問題行動への対策，予防というような消極的側面に力点があるのではなく，すべての子どもが，それぞれの発達段階において達成しなければならない課題（発達課題）を達成するように指導・援助するという積極的，発達的側面に力点を置くものである。
※生徒指導といえば，問題行動を示す子どもへの指導と考える傾向がある。
　例：「特に，これといった問題行動を行う子どもがいませんので，取り立てて生徒指導ということは考えていません。」
　　→問題行動を行う子どもへの指導・援助をする必要がないのであるから，本来の生徒指導の姿である「すべての子どもに」「発達的観点に立った」生徒指導をすべきであるし，幸いなことにやりやすい条件にあるといえる。

3．生徒指導の機能

　生徒指導は機能であって，活動領域や指導内容としてとらえることはできない。
　生徒指導イコール特別活動，生徒指導イコールしつけ，あるいは，生徒指導イコール教育相談というように考えられない。生徒指導は，特別活動という領域にのみ作用するものでもないし，生徒指導は，しつけという内容，教育相談という内容としてとらえられるものでもない。
　生徒指導は，「はたらき」(機能)として，学校教育のあらゆる場に作用する。各教科，道徳，特別活動，総合的な学習の時間にも，休み時間にも放課後にも，すべての場に作用する。

4．生徒指導のねらい達成（自己指導能力の育成）のために

　自己指導能力育成のための指導の留意点としては，次の点があげられる。

---

(1) 生徒に自己存在感を与えること
(2) 共感的人間関係を育成すること
(3) 自己決定の場を与え自己の可能性の開発を援助すること

（文部省，1988）

　この3点の生徒指導の視点を授業の改善に生かす際（生徒指導の視点に立った授業改善）には，次のことを重視することが大切である（福岡県教育委員会，2003）。

(1) 自己存在感をもたせることに関して
・授業に自分がかかわっているという気持ちをもたせる。
・授業で自分が必要とされている実感を与える。
・児童生徒一人一人とのかかわりを大切にする。

(2) 共感的人間関係を育成することに関して
・一人一人が受け入れられる雰囲気づくりをする。
・一人一人が自由に発言できる雰囲気づくりをする。
・お互いに教え合い，励まし合う雰囲気をつくる。
・友達のよさを発見したり，認めたりする態度を育てる。

(3) 自己決定の場を与えることに関して
・以下の内容を児童生徒に決定させる。
　学習課題，学習計画，学習内容・教材，学習方法，表現方法，学習形態，評価方法
　（筆者注：これらすべてを自己決定させるのではなく，必要に応じてこれらの中から自己決定をさせるという意味であると考えられる）

13節 「教育相談」に関する指導

下は,『小学校における教育相談の進め方』(文部省,1991)を参考にして作成した初任者に向けた資料例です。新しい資料としては,2010年に文部科学省から出された「生徒指導提要」がありますので,これを参考にするとよいと思います。

資料例2-13　教育相談について(文部省,1991より作成)

1.教育相談の場

学校で行う教育相談は,いわば「いつでも,どこでも,だれでも」の考え方が基本であり,教育相談を行う場所を特定しないことが原則である。

2.教育相談の進め方の基本

(1) 条件整備

①秘密の保持

児童が教師に対して自己の心を開く,あるいは,悩みを打ち明けることは重大なことである。児童は,面接以前の葛藤にとどまらず,悩みなどを打ち明けてからも,不安を継続するものである。したがって,教育相談を進めるには,特に秘密の厳守に留意しなければならない。

②相談の時間

相談の時間の確保が,教育相談を実施する上で大きな課題になっているのが現状である。そこで,1人の面接に例えば50分などと固定することなく,状況を勘案して弾力的に時間を設定するような工夫が必要である。

相談中は,緊急以外の他の用件は避け,途中で席を立つことなく,その時間をその児童のために割くことが望ましい。短い時間でも,教師の児童に寄り添う真剣な姿勢を通して教師の心が児童に伝わったとき,教師と児童との心理的距離が接近し信頼感も生まれ,対話も深まる。

③相談中の記録

児童との面接中は,特別に必要と思われること以外は記録しないほうがよい。もし,記録が必要だ,忘れたら困ると思われるときでも,児童に「このことは大切なことなのでメモしてよいだろうか」と問いかけ,了解を得てからメモするなどの配慮が必要である。

④相談時の座席

　児童に面接をする場合の座席の向きは，その場面の雰囲気づくりを大きく左右する。特に呼び出し相談の場合，児童と教師が対面するように座るのでは，取り調べの感じを強く抱かせ面接を堅苦しくさせる。

　教師の視線を強く感じない，あるいは，視線を容易にはずすことが可能なように席を隣合わせにするか，あるいは，お互いの向きが90度になるような配慮をすることが望まれる。

(2) 相談の手法

①説得するという姿勢ではなく，児童の言葉を引き出し，心をこめて聴くことに努める〔傾聴〕
②児童の立場に立って悩みや苦しみ，その子の心情，言葉の意味を理解しようと努める〔共感的理解〕
③児童の考え，行動を評価・批判しないで，まず，児童の言葉に耳を傾け，受け入れて情緒の解放を図る〔受容〕
④児童の自己決定，自己選択を促す〔自己の可能性発揮への援助〕

以上，4つの姿勢を生かすため，次のことを心がけることが大切である。

【受容】　うなずきながら，評価的，批判的な言葉を控える。児童は，話すことによって冷静になり，自分の内面を探り，整理できるようになる。

【繰り返し】　児童の述べている言葉の大切な部分が教師から反復される。すると教師の言葉を聞いて自分の考えにもう一度目を向けることになる。

【沈黙】　沈黙は，大きな意味をもっていることが多い。その沈黙のもつ意味をじっくりと考え，時間を与えてやることが大切である。

【要約】　児童の話が一段落したときに，それまで聞いたことを要約して児童に返す。児童は，自分の話を教師が真剣に聞いてくれたことを確認できる。

【感情の明確化】　微妙な感情をありのままにとらえ，短く的確な言葉で返す。児童は，自分の感情を整理することができ，問題や課題が明確にされてくる。

【質問・リード】　面談の状況によっては，教師からの質問が多くなる場合がある。その際，話がより発展するように，次の点に配慮した問いかけが大切。

　　ア．「はい，いいえ」の一問一答形式にならないようにする
　　イ．児童の話していることに関係のあることを聞く（話の腰を折らない）
　　ウ．教師の都合や興味本位の質問をしない
　　エ．児童のもっている問題を引き出すように聞く

14節 「年度末学級事務」に関する指導

　年度末の学級事務には，さまざまな内容がありますが，本節では，「指導要録の記入」を取り上げています。指導にあたっては，指導要録の記入の仕方に関する書物を参考にするとよいです。

　以下の資料例2-14は『小学校児童　新指導要録の記入例と用語例』（熱海，2001）を参考にしながら，「観点別学習状況」と「評定」の欄の記入の仕方を中心にまとめたものです（他の欄の記入については，ここでは割愛しています）。

資料例2-14　年度末学級事務（指導要録の記入）について（熱海，2001より作成）

1.「観点別学習状況」の欄の記入について

　小学校学習指導要領に示す各教科の目標に照らして，その実現の状況を観点ごとに評価し，A，B，Cの記号により記入する。

> A：十分満足できると判断されるもの
> B：おおむね満足できると判断されるもの
> C：努力を要すると判断されるもの

　観点別評価の難しさをよく理解し，それを克服する手だてを講じておくことが肝要である。

　目標や内容が大まかであったり，抽象的であっては，その実現状況をとらえるのが難しいし，また，逆に細かすぎては煩雑になり，評価情報としても役立たなくなる。そこで，単元ごとに目標を細分化，具体化して分析目標をあらかじめ作る必要がある。

　それらの目標をどれだけ達成すれば十分満足，またはおおむね満足と判断するかという基準も用意されていなければならない。

※通信簿における各教科の欄が，指導要録の各教科の観点に対応して作成されている場合は，通信簿の記録をもとに記入することが考えられる（通信簿は，学期ごとに，学習状況を総括したものであるので）。

　その際は，同学年内での共通理解（どのような場合が十分満足，またはおおむね満足なのか）が必要になってくる。

　"同学年内での共通理解"は，次頁の「評定」でも重要になる。

2.「評定」の欄の記入について

　第3学年以上の各教科の学習の状況について，小学校学習指導要領に示す各教科の目標に照らして，その実現状況を総括的に評価し，記入する。

> 3：十分満足できると判断されるもの
> 2：おおむね満足できると判断されるもの
> 1：努力を要すると判断されるもの

〈考えられる手順（観点別学習状況の評価を，どのように評定に総括するか）〉
(1)「観点別学習状況」の評価値を利用する

	【具体例1】単純平均	【具体例2】重みづけ↓
国語への関心・意欲・態度………A	A→3	A→3×1＝3
話す・聞く能力………………………B	B→2	B→2×1＝2
書く能力………………………………C	C→1	C→1×2＝2
読む能力………………………………C	C→1	C→1×2＝2
言語についての知識・理解・技能…C	C→1	C→1×2＝2
	計…8	計…11

【具体例1】　単純に平均値を求める場合　　$8 \div 5 = 1.60 \fallingdotseq 2 \rightarrow$「評定」：「2」
【具体例2】　観点ごとに重みづけをする場合
　　　　　　$(3+2+2+2+2) \div \underbrace{(1+1+2+2+2)}_{\text{重みの合計}} = 1.38 \fallingdotseq 1 \rightarrow$「評定」：「1」

　いずれの手順によるかは，教科・領域や学年の特性を考慮して判断する。

(2) もとの評価資料から直接，評定値を求める

　学習指導要領に示された目標を視野に入れ，また観点のバランスも考慮しながら，学年全体の学習状況をチェックするための目標項目を作成する。

　例えば，算数で，学年全体での学習内容から，もとの評価資料をふまえて，関心・意欲・態度に関する目標項目を3つ，数学的な考え方に関する目標項目を7つ，数量や図形についての技能に関する目標項目を8つ，数量や図形についての知識・理解に関する目標項目を10（計25）を設定した場合，達成と判断された項目（◎）には1点，だいたい達成された項目（○）には0.5点を与え，合計点が全項目数25の何％にあたるかを計算する。

　3段階評定の場合のおおよその目安としては，80％以上の達成率が得られたときに「3」，60％から80％未満の達成率では「2」，60％未満の場合には「1」とする（1つの試案。目標項目の難易度を考慮し，必要に応じて調整する）。

コラム2 仮説を立てて、いろいろなものを観る

小宮（2007）は、『ビジネスマンのための「発見力」育成講座』の中で、「ものが見えるようになるには仮説を立てることである」と述べています。

そして、仮説を立てるための方法として、「全体像を推測しうる一点を見つける」ことを取り上げ、次のように述べています。

> 仕事柄、工場を見ることがときどきあります。若いころも、銀行に勤めていたので、よく見ました。とはいえ、製造は専門ではないので、機械や設備を見てもよくわかりません。
> そこで、何を見るかというと、床を見ます。
> ——床がきれいな工場は、まず間違いない。
> それが、わたしが立てた仮説です。
>
> 少々汚れていても製造にそれほど影響はないため、掃除をするにしても一番後回しにされるのが、工場の床です。しかも、すぐに汚れる場所です。それがきれいになっているとしたら、その途中のプロセスもきれいに、きちんと行われているはずだと思ったのです。
> 実際、いくつもの工場を回ってみて、その仮説が正しかったことが検証できました。

この文章を図的に整理すると、次のようになると思います。

A 床がきれい -------→ B よい工場である だろう。
　　└ そこまできちんと気が配られているぐらいだから ┘

これを学級経営に置き換えられないかと考え、次のように考えてみました。

A ○○○○○○○ -------→ B 学級経営がよい だろう。
　　└ そこまできちんと気が配られているぐらいだから ┘

Aに入る内容は、いろいろ考えられると思います。「全体像を推測しうる一点を見つける」ようにすると、いろいろ見えてきそうです。

ただし、これは因果関係（Aが原因でBという結果になる）ではありません。ですから、単にAをよくすれば、学級経営がよくなるわけではありません。

第 **3** 章

授業研修の進め方

◇◇◇◇◇◇ ◉ ◇◇◇◇◇◇◇

　授業研修は，教師にとって最も重要な職務である「授業」についての研修です。

　指導教員はオールマイティではありませんので，教科の専門性に関する研修の際は，一般研修と同様に，校内の他の先生の力を借りる（授業を見せてもらったり,話をしてもらったりする）とよいでしょう。

1節　初任者の授業の記録の仕方

　授業研修では，指導教員は，初任者の授業を見て授業後に指導をしなければなりません。いわゆる観察指導です。
　このときのポイントは（当たり前のことかもしれませんが），

| 授業中の事実に基づいた指導をすること |

だと考えます。
　授業中の事実とは，「教師の指示・発問（話したこと）と，それに対する子どもの発言・活動」ということです。ですから，授業中の事実に基づいた具体的な指導（何がよかったか，何が問題だったか）をするためには，
　・教師がどんな指示・発問をしたか
　・それに対して子どもがどんな発言・活動をしたか
をきちんと記録しておく必要があります。
　きちんと記録をしておかないと「子どもの活動が活発だった」「生き生きしていた」といった抽象的な印象批評に終わってしまい，初任者にとっても，後に残るもの（成果や課題）がなく，次の授業に生かすことができません。
　授業研修では，その授業のよしあしだけではなく，いかに次の授業改善につなげていくかが大切です。

〈記録のとり方〉

　記録のとり方の方法ですが，次の３つが考えられます。
(1) VTR・録音
　この２つは，「授業の記録を残す」という点では優れていますが，毎回全部を再生しながら指導をすることは非常に難しいです。ですから，例えば，毎時間導入の５分間だけにしぼって記録をとり，事後指導の場で再生しながら，指導することは十分可能ですし，効果的だと思います。要は，VTRや録音を事後指導で使うのであれば，場面をしぼって活用するということです。
　VTRは固定しておけば，授業を見ながら写真を撮ったり，メモをしたりすることができます。ただし，子どもの発言をクリアに記録するときには，VTRを子どもの近くに持っていって撮ることが大切です。

なお，VTRを固定する場合の位置ですが，目的によって異なります。
・教師の様子を記録したい→教室後方から，黒板に向けて撮る
・子どもの様子を記録したい→教室前方の角から，対角線向きに撮る（逆光にならないようにする）

(2) 写真

　教師や子どもの発言は記録することはできませんが，活動の様子を残すことができるので，活動の様子を残したい場合には有効です（ノート作業の様子を撮るときには，子どもの斜め後方から，書いている字が見えるように撮るとよいです）。
　また，板書を写しておくと，事後指導（板書のどの点がよかったか，どの点が問題だったか）にも使えますし，記録としても残ります。

(3) メモ

　授業を見ながら書くという点では，上の(1)～(2)に比べると難しいですが，授業の様子を再現する（「～のとき，……だった」という授業の事実の提示）の際，一番手早くできます。
　メモをする内容は，前ページで述べた授業中の事実「教師の指示・発問（話したこと）と，それに対する子どもの発言・活動」です。
　筆者は，A4版の白紙を用い，教師の指示・発問，子どもの発言・活動を記録しながら，気づいたことがあったら，赤で記入しています（時間がないときは，後で見直すとき，すぐに分かるように，気になったところに，赤で線だけを引いています）。
　また，ノート作業に入った場合は，次のことも記録するとよいです。

・一人一人の活動の様子を見て回り，どんなことを書いた子が何人いるかを記録する（座席表をもらっておくとよい）。そこまでできないときは，書けていない子がどの子かを記録しておく
・気になる記述をしている子がいたら，その子の名前と記述内容を記録しておく

　なお，授業を見るときは，教室後方ではなく，教室側面（の前方）から見るようにしています。教室後方からでは，子どもの表情等が見えないからです。

2節 「コーチングを取り入れた指導」の考え方

　本節と次節は，初任者研修（特に授業研修）を行う際の1つの手法として，「コーチングを取り入れた指導」について紹介します。

1. コーチングとは

　伊東（2002）は，コーチングを理解するために必要なこととして，

> ①答えは相手の中にある
> ②相手の中には問題や課題を解決できる能力がある
> ③その答えや能力を引き出すプロセスがコーチングである

の3点をあげ，さらに，次のように述べています。

> すぐに「こうすればいいんだ」と答えを与えるのではなく，まず自分自身で考えさせる。それがコーチング。（伊東，2002）

　これを初任者指導に置き換えると，コーチング的な初任者指導とは，表3-1のように「指導教員や先輩教師が，初任者に一方的に考え方や指導法を押しつけるのではなく，初任者自身に考えさせる指導」ではないでしょうか。

表3-1　非コーチング的な初任者指導とコーチング的な初任者指導の比較

非コーチング的な初任者指導	観点	コーチング的な初任者指導
よかったことは……です。 問題だったのは，……です。	判断	よかった点は，どこですか？ 何が問題だったと思いますか？
それは，……だからです。	根拠	なぜ，そう思ったのですか？
……すればよかったですね。	代案	どうすればよかったと思いますか
次の授業（次時）では，……して下さい。		次の授業（次時）では，どうしていったらいいと思いますか？

　こうしてみると，次のようにいえそうです。
　・非コーチング的な初任者指導→「指摘型」
　・コーチング的な初任者指導→「支援型」

もちろん，コーチング的な指導であっても，初任者が気づかない（分からない）場合は，ヒントや手がかりを示すことは必要ですし，初任者に考えさせた後，できるだけ初任者が考えたことを尊重する形で，指導教員としての考えを述べる（初任者の考えと指導教員の考えを関連づける）ことは大切なことです。ですから，指導教員が自分の考えを全く言わないわけではありません。

　なお，非コーチング的な初任者指導が"悪い"とは筆者は考えていません。コーチング的な要素をまったく取り入れず，すべての指導を非コーチング的に行うことは，初任者に自分で考える余地を与えない点で適切ではないと考えますが，特に代案を述べる場合では，初任者の話をよく聞いた上で，方向性を明確に指し示すことは，大切だと思います。

2. コーチングを取り入れた指導のよさ

　では，コーチングの考え方を生かした指導を行うよさは，どんなことでしょうか。筆者は，次の2点を考えています。

> ・自分の指導を自分自身で振り返り，自分で考える習慣がつく
> ・一方的な押しつけではなく，初任者の考えを尊重する形で指導を進めるので，次への実践意欲が高まる

　このように，自分で考える習慣をつけたり，実践意欲を高めたりすることは，2年目以降にもつながることだと考えます。

　また，安部ら（2004）は，中国の古いことわざ（魚をあげれば，その人は1日食うに困らないが，魚の捕り方を教えればその人は一生食うに困らない）を引きながら，「コーチングはいわば，この『魚の捕り方を教える』ことに似ています」と述べ，コーチングのよさについて，次のように記しています。

>　　コーチングの最大のメリットは，「自ら魚の捕り方を編み出す」体験をすることによって，他の分野での応用，例えば鳥や獣を捕るといったケースでも，自ら方法を編み出すことができるようになることです。

（安部ら，2004）

　この「他への応用」とは，教育の世界でいえば，学んだことを他の単元や他教科等の指導に生かしていくことだと思います。

3節 GROW モデルを取り入れたコーチングシートの活用

〈GROW モデルとは〉

　安部ら（2004）は，「目標達成モデルは，次に挙げる4つの要素の頭文字を取って GROW（グロウ）モデルと呼ばれています。GROW には，『成長する』という意味があります」と述べ，4要素について，次のように記しています。

① Goal（目標を明確にする）
② Reality（現状把握），Resource（資源の確認）
③ Option（可能性を開く，選択肢を検討する）
④ Will（意志と実行）

　そこで筆者は，GROW モデルを取り入れたコーチングを初任者研修で行えないかと考え，次頁の資料例3-1のようなシートを作成し，指導に使ったことがあります。
　①の Goal（目標を明確にする）が資料例3-1の「1．目標」，②の Reality（現状把握）は「2．現状」，Resource（資源の確認）は「3．目標達成のために」，③の Option（可能性を開く，選択肢を検討する）が「4．具体的な方法」，④の Will（意志と実行）が「5．実践」にあたります。

〈資料例3-1の補足〉
(1)「1．目標」の(2)～(6)の設定の観点について（安部ら，2004より作成）
　②→S（Specific）＝具体的である
　③→M（Measurable）＝測りうる
　④→A（Achievable）＝達成可能である
　⑤→R（Reasonable）＝自分の意図に合っている
　⑥→T（Timely）＝期限が明確である
　［5つの基準の頭文字をとって，SMART と呼ばれる］
(2)「3．目標達成のために」における資源について（伊東，2002より作成）
　目標を達成するために用いることができる「資源」（「過去の成功経験」「頼れる人・頼れるもの」「その人がもっている"強み"」）を指している。
※シートでは，3．①が過去の成功経験，3．②が頼れるものにあたります。

資料例3-1　GROWモデルを取り入れたコーチングシート（授業改善シート）
(伊東, 2002；安部ら, 2004より作成)

　　　　授業改善シート　　　　氏名（　　　　　　）記入日　　月　　日

1．目標
①授業中の子どもの姿で「もっと～したい」と思うことを，いくつか書いて下さい。

②1つに絞った上で，測定可能なものになるように，数値を入れて具体化して下さい。

③測定可能なものになりましたか。　　　　　はい　　　いいえ

④達成可能な目標ですか。　　　　　　　　　はい　　　いいえ

⑤自分の意図に合っていますか。　　　　　　はい　　　いいえ

⑥いつまでに達成しますか。期限を書きましょう。（　　　　　　　）

2．現状　　ゴールを10合目とすると，今，何合目くらいにいますか。

3．目標達成のために
①これまでに，うまくいったときを思い出してみて下さい。

②どんな本を読んだらヒントになると思いますか。

4．具体的な方法　　目標を実現するために，どんな方法，手だてがあると思いますか。
　　思いつくことを書いて下さい。

5．実践　　本当にやりたいと思いますか。

6．実践後の感想

［指導教員から］

7．評価（　　月　　日記入）

［指導教員から］

注）約2か月に1回記入させた。目標は，達成するまでは変えないようにした。

4節　授業の前に, 初任者に何を書かせるか

　初任者の授業を見る（日常の観察指導）にあたっては, 事前に何かを書いてもらう場合があります。しかし, 詳しい学習指導案を毎回書いてもらうことは, 初任者にとって, かなり大変な作業になります。
　そこで, 日常の観察指導の事前に書いてもらうものは, できるだけ項目をしぼっておくほうがよいと思います（何も書かせないで授業準備だけに専念してもらうという考え方もあります）。
　書いてもらう項目には, 次のようなことが考えられます。

| ①単元目標　　②大まかな単元計画　　③本時のねらい（主眼） |
| ④本時の展開　⑤めあて　　⑥まとめ　　⑦手だて　　⑧板書計画 |

　このうち, ①②は単元レベル, ③〜⑧は本時レベルの項目になります。
　これは筆者の考えですが, 日常の観察指導においては, 本時レベルの記述にとどめておいてよいのではないかと考えています。
　そこで, 以前, 次頁の資料例３-２のような, 本時レベル（上の③⑤⑥⑦）にしぼった学習指導構想案の形式を渡して書いてもらっていたことがあります（これは１つの例です。どこまでしぼるかは, 意見が分かれると思います）。

〈資料例３-２の補足〉

　Aが, ③⑤⑥⑦の部分です。
　Bは, 前節の資料例３-１（授業改善シート）の「１. 目標」「４. 具体的な方法」と関連した項目です（同時期に, 授業改善シートにも取り組んでもらっていたため）。
　資料例３-２の「授業の際に気をつけること」は, 初任者の授業を見てきた中で感じた初任者に気をつけてほしいこと（裏返せば, できていないことが多い点）を記入し, 授業の際に, 常に意識してもらうようにしました。
　例えば「３. 」は, 「鉛筆を置きなさい」と言ったら, 全員が置いているかを確認することです。こういう点の積み重ねが大切だと思います。

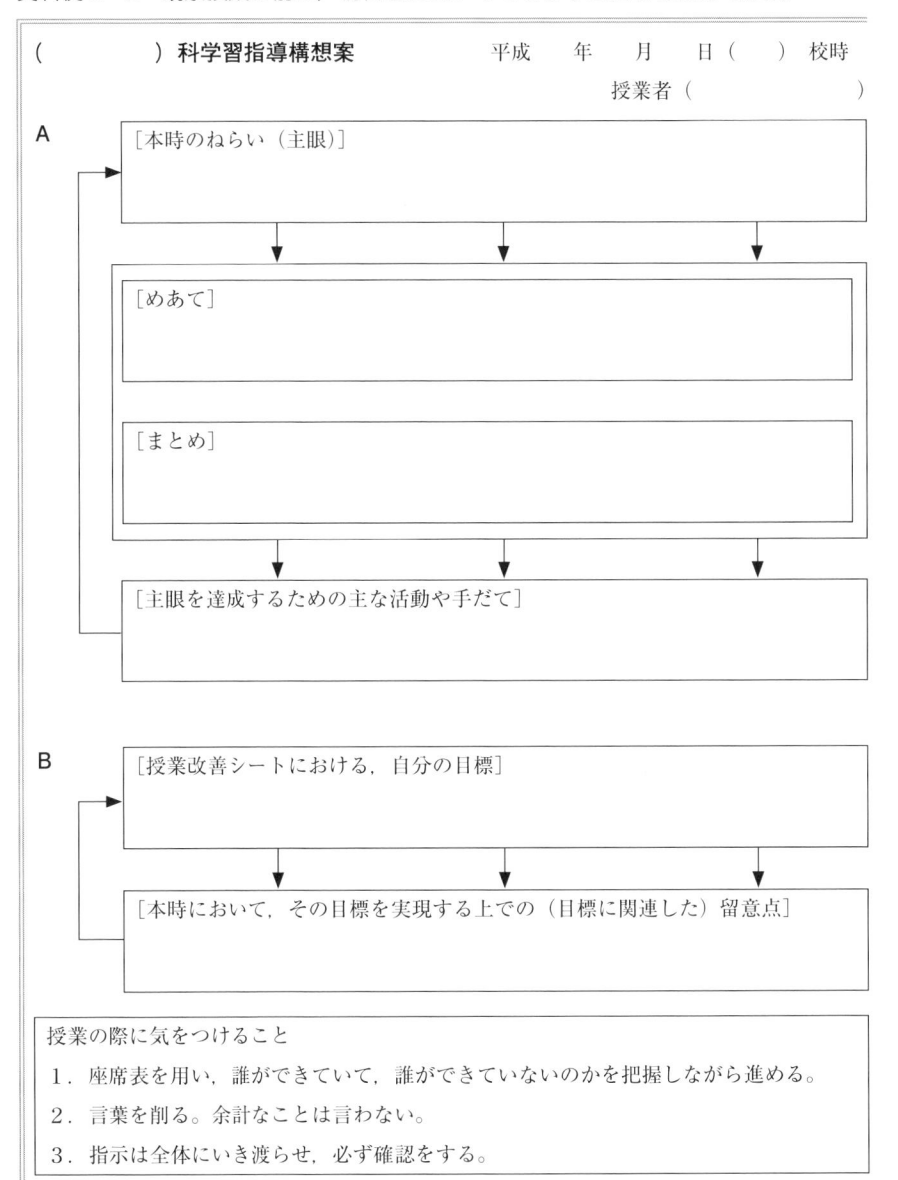

4節●授業の前に,初任者に何を書かせるか

資料例3-2 観察授業の前に,初任者に書いてもらう学習指導構想案の形式

( )科学習指導構想案　　平成　年　月　日( )　校時
　　　　　　　　　　　　　　　　　　　授業者( )

A　[本時のねらい(主眼)]

[めあて]

[まとめ]

[主眼を達成するための主な活動や手だて]

B　[授業改善シートにおける,自分の目標]

[本時において,その目標を実現する上での(目標に関連した)留意点]

授業の際に気をつけること
1．座席表を用い,誰ができていて,誰ができていないのかを把握しながら進める。
2．言葉を削る。余計なことは言わない。
3．指示は全体にいき渡らせ,必ず確認をする。

5節 授業研修を行うにあたっての留意点

ここでは、授業研修を行うにあたっての大まかな留意点を、「指導形態面」「システム面」「指導内容面」「環境面」「記録面」の5つから述べます。

1. 指導形態面：観察指導を多く入れる

授業研修の形態には、大きく3つが考えられます。

【観察指導】　初任者が授業を行い、指導教員がその授業を観察して、事後に指導する（観察指導の前に"事前指導"、後に"事後指導"が位置づく）。
【説明指導】　初任者に対して、指導教員（または、その教科等に長けた先輩教師が、授業研修の内容（テーマ）についての説明をする。
【授業参観】　先輩教師が授業を行い、初任者は、その授業を参観して学ぶ。

説明を聞いたり先輩教師の授業を見せてもらったりすることは、有用なことですが、授業研修のメインは、実践的指導力を高める上でも、やはり観察指導だと考えます。ですから、観察指導と授業参観のバランスを考慮しつつも、観察指導を多く取り入れるとよいと思います。

2. システム面：観察指導の際は、指導サイクルを工夫する

授業研修（ここでは観察指導に限定します）の指導サイクルを、図3-1のように工夫することを紹介します（4コマで1回の研修となる場合）。

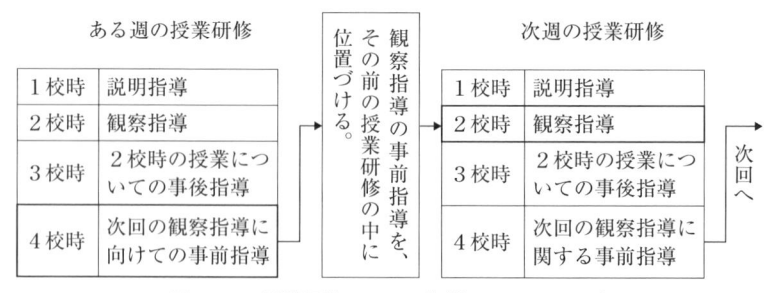

ある週の授業研修			観察指導の事前指導を、その前の授業研修の中に位置づける。	次週の授業研修		
1校時	説明指導			1校時	説明指導	
2校時	観察指導			2校時	観察指導	次回へ
3校時	2校時の授業についての事後指導			3校時	2校時の授業についての事後指導	
4校時	次回の観察指導に向けての事前指導			4校時	次回の観察指導に関する事前指導	

図3-1　授業研修における指導サイクルの工夫

このようなサイクルにすると，事前指導から，観察指導までに期間がとれ，初任者は事前指導を生かして，授業づくりを行うことができます。

3. 指導内容面：指導のポイントをしぼる

　要は，「あれもこれも言わない」ということです。気がついたことをすべて話すと，初任者が消化不良に陥ることが考えられます。

　戸田（2006）は，フィードバックに必要なポイントとして，次の3点をあげています。初任者への指導のあり方を考えていく上でのヒントになります。

> ①進歩した点を評価する
> ②改善点は，1つか2つに絞ること
> ③具体的な指摘が最も効果的

　観察指導の場合，事後指導の際に，「この次は，この点を改善しよう」という点を確認しておき（どの点を見るかを伝えておく），次の観察指導の際に，「その点ができているかどうか」を見て，事後指導でその点にふれるという指導の仕方もあります。

4. 環境面：指導は，ホワイトボードや黒板がある部屋で行う

　齋藤（2004）は，ホワイトボードの重要性について次のように述べています。

> 　ホワイトボードに字として残せば，各人が言った意見をそこで共有化することができます。（中略）ディスカッションや会議では，「共通の土俵をもつ」ことが何より必要です。ホワイトボードに意見を書いていく。そこでそのホワイトボードで最終的な意思決定を図化していくことが段取りとしては最低限必要になります。

　初任者研修でも，この考え方が使えると思います。毎回ではありませんが，書き示しながら指導をする場面が必要な場合があります。その際，ホワイトボードや黒板に書けば，指導内容の共有化が図りやすくなります。

5. 記録面：研修用のファイルとノートを用意してもらう

　ファイルは，資料が散逸しないようにするために必要ですし，ノートは，「継続して記録を残し，蓄積させる」という点で重要です。

　ノートを作っておくと，資料を貼り込むなどして，資料管理もできます。

　この研修用のファイルとノートは，指導教員も用意するとよいでしょう。

6節 先輩教師に授業を見せてもらったら……

　前節では，観察指導を中心に述べましたので，ここでは，授業参観（先輩教師の授業を見ることを通して学ぶ）について述べます。表題にも書いておりますが，「先輩教師に授業を見せてもらったら……（どうするか）」ということです。

　初任者ともども，授業を見せてもらったことに対するお礼を言うことは当然ですが，それに加えて，「**指導教員が，授業を見てよかった点（学ぶべき点，初任者に気づいてもらいたい点）を文書に整理して渡す**」とよいと考えています。

　これは，授業者［授業を見せてくれた先輩教師］，初任者，自分［指導教員］の3者にとって，次のような点で大切だと思うからです。

・授業者［授業を見せてくれた先輩教師］のために
　→授業者へのお礼の意味で。

・初任者のために
　→初任者が気づかなかった（と思われる）点を伝える意味で。
　「あれども見えず」ではありませんが，初任者が見過ごしている点があることが考えられるためです。

・自分［指導教員］のために
　→いいところを見つけるという目で授業を見て，記録をとることができる（指導教員自身の授業の見方の勉強）の意味で。

　授業を見せてくれた先輩教師の都合がつけば，初任者に授業の組み立てや手だてについて話してもらったり，初任者からの質問に答えてもらったりする場を設定すると，一層有意義な研修になると思います。

　なお，授業参観（先輩教師の授業を見ることを通して学ぶ）の目的は，「いい授業を見ることで，授業のイメージをもってもらう」ことだと考えます。

　「こんな授業をしたい」「子どもたちをこんなふうに高めたい」などの願いをもつことが，今後，授業づくりをしていく上でとても大切だからです。

　資料例3-3は，実際に授業を見せてもらった先輩教師に渡した文書です。

資料例3-3　指導教員が整理し，授業者の先輩教師に渡した文書

　　　　　　　　　　　　　　　　　　　　　　　　　平成　　年　　月　　日
　　　　○○先生の授業を参観して（2年生：算数科「引き算」）
　　　　　　　　　　　　　　　　　　　　　　初任者指導教員　△△△△

　導入の5分間に注目。授業開始5分後には，めあての板書が開始されました。とても密度の濃い5分間でした。

1．前時の問題と本時の問題の比較
　「同じところ」→既習の部分。既習の内容を使って本時の問題を解決する。
　「違うところ」→新規の部分。この新規の部分に着目して，めあて意識をもたせる。
※前時との違いに着目させて，めあて意識をもたせることは，算数科でよく使われる。
※十の位だけをかくしたり，一の位だけをかくしたりすることで，前時との違いが
　明確になった。「かくす」ことは，重要なテクニックの1つ。

2．学び方の積み上げ
　「めあてです。読みましょう」→子ども「はい。くり下がりのある……」
　「めあてです。読みましょう」を合図に，「はい」と返事をしてからめあてを読むように指導を積み上げてあることが分かる。

3．子どもの活動
　「ブロック」（具体物），「図」（半具体物），「言葉」（抽象物）のどれから取り組んでもいいように仕組んであった。具体，半具体，抽象の3つのレベルの活動があったことがポイント。いろいろなレベルの表現を使いこなす（結びつける）ことが大切。

4．確認の仕方
　「書いた人，おとなりの人を見てあげて下さい。おとなりがまだの人，手をあげて下さい」→相互確認による確認。
「ここまで書けた人，手をあげて」→ステップを細かくして確認することで，書くことが遅れがちな子もついてきやすい。

　　□□先生のために授業を見せていただき，ありがとうございました。

7節　授業において，初任者が陥りがちな点とその指導

　何回か指導教員をして，初任者の授業を何度も見ていく中で，「この点は，どうも初任者の先生が陥りがちだな」と感じることが，いくつかありました。
　本節では，次の３点を特に取り上げます（初任者だけではなく，教師一般にもいえそうです。お互い，気をつけたいと思います）。

(1) 授業のねらいが明確になっていないことが多い
　授業は，ねらいに向けての子どもの変容を目指した目的的な営みですから，まず，授業のねらいを明確にしておくことが必要です。
　そして，ねらいが明確になったら，次の点を具体化することが大切であることを伝えます。事前指導や事後指導で，検討することもあります。

> ・授業のどの場面で，ねらいが達成できたかを見取るのか。
> ・ねらいを達成させるためには，どんな手だて（方法）が必要なのか。
> ・どんな反応（記述，発言，活動）を示せば，達成できたといえるか。

　初任者が授業を考える場合，ねらい（目的）よりも先に，手だて（方法）に目が向いてしまうことがありますが，"方法が先にあり"ではありません。「ねらい（目的）の達成のためには，どんな手だて（方法）が必要か」を考えないといけませんから，まず，ねらいを明確にすることを指導したいものです。

(2) 机間巡視が不十分になりがちである
　「机間巡視が不十分」とは，次のようなことです。

> ①机間巡視のとき，見ていない（回っていない）子どもがいる
> 　特に前のほうばかり回って，後ろのほうの子を見ていない場合が多い。また，特定の列ばかりを回る場合も見られる
> →教師の動線を記録しておき，初任者に授業後に示すと，見ていない子どもが一目瞭然で分かる。
> ②全体を回っているが，回っているだけになっている（目的・観点をもたずに，机間巡視をしている）

【これらの不十分さを改善するために】
①について：**座席表の作成を働きかけ，座席表を活用してもらう**
　座席表の作成を働きかける上では，座席表のよさを伝える必要があります。そこで，座席表に記録したことを，下のような点から次の指導に生かせることを説明します。
- 誰ができているのか，いないのか，また，どこまでできているのか等が分かるので，次の指導を重点的に行うことができる。
- 発表させる際の「意図的指名」に活用することができる。
- 授業の評価（評定）にも役立てることができる。

②について：**目的（何のために）観点（何を見るのか）を決めて机間巡視をするように働きかける**
　例えば，次のような机間巡視の仕方を指導することも考えられます。子どもの学習活動に応じた具体例を示して指導することが大切です。
- 発問・指示を出した後の１回目の机間巡視
  →子どもが書き始めているかどうかを見る（書き始めていない子が多ければ，一度全員やめさせ，補足（ヒント）の指示を出す）。
- ２回目（以降）の机間巡視
  →内容のチェックをする。

また，次のようなこともありがちですので，必要に応じて指導をするとよいです。
- はじめから特定の子にはりついていて，全体への指導が疎かになりがち。
  →全員をさっと見ていく机間巡視を繰り返し，全体の様子をまず把握するようにさせる。指導が必要な子を見つけたら，その子べったりになるのではなく，全体を見ながら小刻みに個別指導をするように働きかける。
- ただ見て回っているだけで，声かけも○つけもしない。
  →声かけや○つけをして，プラスのフィードバックをするように働きかける。

(3) 指示をした後の確認が不十分になりがちである

　例えば，本章４節の中で例示しているように「「『鉛筆を置きなさい』と言ったら，全員が置いているかを確認する」ことが徹底されていないというようなことです。
　子どもに「教師の指示は守らないといけない」「先生はちゃんと見ている」という意識をもたせることは，学習指導を進めていく上で，たいへん重要なことだと考えます。子どもができていなければ，徹底して指導するように初任者に伝えましょう。

8節 授業の見方についての指導

　授業研修は，授業についての実践的指導力（授業の組み立て方・仕方についての力）を高めることがねらいですが，授業の見方についての力も，併せて高めてもらいたいと思います。
　自分がもっている授業の見方は，自分の授業を考える際にも生かされますので，授業の見方についての力を高めることは，実践的指導力につながっていると考えます。
　授業の見方の形式的なことは，本章1節の(3)でふれていますので，本節では，内容的なことを述べます。

(1) 本時のねらい（主眼）の妥当性を検討する
　「本時のねらいは，これでよいかどうか」を考え，自分の結論をもちます。
　　・学習指導要領の内容に合っているか
　　・単元目標のどの部分と関連しているか
などを考慮します。

(2) 本時のねらいをもとに，学習過程はどうであったかを検討する
　　・活動が成立していたか
　　・活動を成立させるために行った手だては，有効であったか

(3) 本時のねらいが達成されたかどうかを判断する
　これまで（(1)・(2)）の材料をもとに，ねらいが達成できたかどうか考え，自分の結論をもちます。その際，根拠をもって判断することが大切です。

(4) 代案を出す
　自分だったらどうするかを，自分なりに考えます。まずかった点を指摘し合うばかりでは，あまり意味がありません。

（以上，(1)～(4)，杉嶋，2002 より作成）

9節 教材研究の進め方についての指導

「よい（向上的変容がある）授業」をする上では，教材研究は欠かせません。
本節では，教材研究の進め方について指導する際の資料例を紹介します。

資料例3-4　教材研究の進め方について（教職実務研究会，1993より作成）

1．教材研究とは
教材研究では，2つの面からのアプローチが必要。

| 教材そのものを分析，研究する［教材にしようとする事例，及び関連する事例の研究］ | 子どもへの教材の与え方を研究する［教材にしようとする事例と子どもとの関係の研究］ |

教材そのものについて詳しくなるとともに，子どもに，「どんなものを」「どのように」提示するかまでを考える

2．教材研究の仕方
(1) その教科等の学習指導要領　解説を読む
　熟読し，目標，指導内容を的確に把握する。
(2) 先行実践を読む（書物で，インターネットで）
　自分の参考になる（イメージのわく）実践を取り入れる。そのまま実践する「追試」でも，アレンジをした「修正追試」でもよい。
(3) 教科書を読む。
ヒント①：教科書会社が出している指導書（いわゆる「赤刷り」）ではなく，子どもが使っている教科書を，先に見る。
　　　　・先入観なしに読める（子どもの気持ちで読む）
　　　　・まずは自分で考える（気づいたところに線を引く，書き込む）
　　　その後，いわゆる「赤刷り」を読めばよい。
ヒント②：各教科書会社の教科書を対比させながら読む。
　　　　内容の配列や教材，資料等を考える上で参考になる。

10節 子どもの発言力を高めるための指導

　初任者の先生は，授業中の子どもの様子について「なかなか手があがらない」「発表が少ない」という思いをもっていることが，よくあります。
　そこで，子どもの発言力を高めるための指導をする際の資料例を紹介します。

資料例3-5　子どもの発言力を高めるための指導について

〈はじめに〉
　日頃からの積み上げ，働きかけ，声かけが重要。

〈子どもたちから多くの（種類の）発言を引き出すために〉
(1) 発表する雰囲気を高めておく（発表の場を増やす）
　・朝の会などで，2択，3択のクイズを出す（子どもが興味をもつ問題）
　・意図的に1問1答の問いを出し，自信をもたせる
　・教師の問いかけに対して，指名される前に勝手にしゃべらせない
　・「間違いは宝である」「間違いは考えている証拠である」「間違えるから学校に来るんだ」などについて話し，間違いがあるから勉強が深まること（間違いの大切さ）を折にふれて話す
　・ハンドサインで発表回数を示させる方法もある（発表が少ない子から指名）
(2) 考えを発表させるときは，書かせることで，まず自分の考えをもたせる
　・○をつけ，考えを認める。これによって，子どもも自信をもって挙手できる
　・「書いた後には，全員挙手をする」ことをルールにする方法もある（「書く」作業をすれば，発表する内容はあるわけであるから。ただし繰り返し・やり直しの指導が必要である。この方法を用いる場合は，机間巡視を生かし，少数意見から指名するとよい）。
(3) 発表（挙手）したことをほめる
　教師が確認（チェック）を入れることで意識させる。
　・帰りの会で確かめる（教師が尋ねる，カードに記入させるなど）→ほめる
　・その1時間の最後に確かめる→ほめる
※ある程度，挙手（発表）ができるようになったら，「友達の名前が入った発表をしなさい」と指示し，できた子をひたすらほめる→ネームプレートが必要

【友達の名前が入った発表の基本型】
「○○さんに付け加えて…」「○○君に（少し）似ていて…」「○○さんと（少し）違って…」→出てきた話形を短冊に書いて提示し，意識づける手法もある。

(4) 友達と「違う」意見を出すことをほめる
　簡単に「同じでーす」と同調させない（「同じでーす」を禁句にする）。
　・自分の考えを多様に出し合わせたいときに，「同じでーす」の一言で話し合いが終わっては困る。
　・子どもは「同じ」と思っていても，ニュアンスが違うなど，結構，多様なものである。
　・子どもが同じだと思ったときは「○○さんと同じで……」という形で発言させる。

〈終わりに〉
　要は，いろいろな考えが出る（多くの子が挙手）するようにしておかないと，"できる子"だけが手をあげ，"できる子"が初めにボンとよい考えを出して，「同じでーす」「いいでーす」で終わることになります。よい考えは，最後のほうに出るようにしないといけません（大相撲では，横綱は最後に出る）。そのためには，次のことが大切です。
　・日頃から，とにかくたくさんの意見を出させるようにさせる
　・（できれば）机間巡視で考えを把握しておき，よい考えを書いている子を初めに指名しない〔少数意見から指名する→机間巡視を生かした意図的指名〕

〈参考〉全員を討論に参加させる10の技術 (石黒，1991)
　討論の授業ではなくても，活用できる点が，たくさんあると思います。
一　発言前に自信をつける技術
　1　書かせたものを点検し認めよう。　2　「まちがい」を認め，役立てよう。
二　決断させる技術
　3　「おかしいもの」をきこう。　4　ズバリ「はい」「いいえ」をきこう。
三　発言をひきだす技術
　5　まず全員に一言でも発言させよう。　6　似ていても同じでも発表させよう。
　7　少ない順に発表させよう。　8　列指名を利用しよう。
　9　時には発言を評価しよう。　10　「自信のない子」から発表させよう。

11節 ノートの役割と活用についての指導

　ノートについての指導は，授業の内容に直結する重要なことだと考えます。本節では，ノートの役割と活用について指導する際の資料例を紹介します。

資料例3-6　ノートの役割と活用について（河野，1984；佐島ら，1983より作成）

> 1．ノートの役割（機能）
> 　ノートは，一人一人の成長の記録である→ノートは，学習の足跡である。
> (1) 練習的機能（ドリルに用いる）
> (2) 備忘（記録）的機能（学習内容の記録，自分の考えの記録）
> (3) 追究的機能（ノートは「思考の作戦基地」）
> 　・自分の手でノートに書くことで理解が促進される
> 　　（書くことで，考えを意識できる。考えが深まる）
> 　・子どものノート作業が，授業の展開に生きる
> 　　（自分の考えを書かせてから発表させるなど）
> (4) 評価的機能（教師の立場から）
> 　・評定の資料として
> 　・指導のあり方の反省，つまずきの発見→次の指導へ生かす
>
> 2．ノート活用における留意点
> (1) 子どもが，ノートの大切さ，役割を分かっているか
> 　・何のためのノートか（大切さ，役割）を，子どもに意識（自覚）させる
> 　　→教師が，ノートの大切さ，役割を語る。※単なるメモ用紙ではない。
> (2) ノート指導は，授業の内容と直結する
> 　「学習のねらいは何か」「ねらいの達成に向けて，どんな活動が必要か」を十分考えた上で，「どんなノートを書かせるか」を想定する。
> ※子どもが「写す」ノート作業をするのであれば，教師の「板書」が重要になる。
> 　子どもが「考えを書く」ノート作業をするのであれば，「発問」や「資料（教材）」が重要になる。
> (3) ノートに必要なもの
> 　「日付」「ページ」「めあて」（必要に応じて，単元名などの見出しも）。

※その日の学習は,ページの始めからとする場合もある。
(4) 自分の考えとともに,友達の考えも大切に
　話し合い後,付加・修正の時間を設け,友達の考え(「いいな」「なるほどな」と思った考え,取り入れたい考えなど)を違う色で書かせる。
※多様な考えが出る話し合いにするとともに,自分の考えと比べさせる。
(5) 見やすいノートにするために
【日常の授業における指導内容】
　・字の大きさ,濃さ,ていねいさ(必要に応じて,姿勢や鉛筆の握り方)
　・1行空けるところの指示(上下・左右に適度な空白を)
　・色(赤)の使い方や,ミニ定規の使い方
※ゆったりと使うと,見やすいノートになる。ノート作業の時間の確保を。

3. ノート点検について
　授業中の机間巡視で,またはノートを集めて授業後に。
(1) ノート点検の目的
　・子どもの書く意欲を高めるため
　・子どものつまずきや思考の状態を知り,指導計画に生かすため(評価)
　・よりよい(見やすい,分かりやすい)ノートをつくり出させるため
※個性的なノートづくり(矢印,イラストの使用)→高学年で
(2) 留意点
　・点検は,視点を決めて行うこと(学習のねらいと結びつけて)
　・教科を決めて,重点的に継続して指導すると効果的
　「点検」ではないが,指導の仕方として,次の2通りがある。
【個人への指導】　一人一人のノートに対しての指導。
　・1つの個別指導の場である。個に応じた指導(コメント等)を行う。優れていれば賞賛を。不十分であれば,具体的な改善ポイントを書く。
　・時どき,評定も入れるとよい(A,B,C,◎,○,○など)。
【全体への指導】　全体へ働きかける指導。
　優れたノート(みんなに真似をしてほしいノート)を広げる。
　・ノート展示(そのまま掲示する,コピーして掲示する)
　・ノートの増刷り
※どんなノートを書けばいいのかを全体に教える。こう書けばいい……というイメージをもたせる→数人のレベルアップを,全体のレベルアップにつなげる。

12節 学習形態についての指導

　学習形態は，ねらいや内容に応じて使い分けることが大切だと考えます。
　本節では，学習形態についての指導を行う際の資料例を紹介します。

資料例3-7　学習形態について（加藤，1982；松浦ら，1986；教職実務研究会，1993）

〈はじめに〉
　その時どきの適切な学習形態としてどれを採用するか，どのように組み合わせるかは，指導のねらいや内容に応じて判断する。

1．学習形態の類型
　①一斉学習（教師が学習者に教授する形態）
　②グループ学習（小集団での学習）
　③個別学習（学習者が個人で習得する形態）
　学習形態の類型は，基本的に上記の3つだが，日常の学習指導では「2人組（ペア）」での活動も重視するとよい。
　　・2人組で話し合う（考えを出し合う）　　・2人組で確認し合う
　　・2人組で説明し合う，など
（例：初めに，右側の人が左側の人に説明してごらんなさい。すんだら，左側の人が，右側の人に説明をしましょう。）

2．留意点について
(1) 一斉学習
　①子どもの学習状況を把握しながら，授業を進める（座席表の活用）。
　・つまずいている子どもを見落とさない→机間巡視を効果的に行う
　・<u>目的をもって</u>
　・全員に（遅れがちな子どもへは重点的に，さりげなく）
　・一人一人に合った適切な指導や助言，励ましを
　②子どもが受け身一方（聞くだけ，ノートに写すだけ）にならないように，学習活動を工夫する（書く活動，読む活動，話し合う活動，体験的な活動など）。
　　　→活動を通して，学習内容（ねらい）をとらえることができるようにする。

(2) グループ学習(「生活班」だけでなく教師が意図的に編成する場合もある)

①グループ学習を取り入れるとき(例)
・考えを出し合うとき(ブレーン・ストーミング的なもの)
・話し合いを深めるとき(一人一人が自分の考えをもった上で行うこと)
・教え合い(説明のし合い)をねらうとき
・分担の必要な作業のとき

②グループ学習を取り入れるにあたって

「する子はする。しない子はしない」にならないように留意する。

例えば,話し合いを深めるときには,上にも記したように,あらかじめ自分の考えをもたせて(書かせて)グループ学習に移行するようにする。

グループ学習にすると,何となく子どもが主体的に活動しているように見える(しかも,教師は楽?)が,埋没してしまう(しないですむ,しゃべらなくてすむ,考えなくてすむ)子どもが出ないようにする。

子どもに任せすぎてしまうと,役割が偏ってしまいがちになる。

役割が偏ってしまうと,埋没している子どもに力はつかない。

安易に「グループで活動させれば何とかなる」と考えない。

必要に応じて,事前に役割を決めておくことも考えておく(一人一人に学習が成立しているかどうかが大切である)。

(3) 個別学習

個別指導にかかわるものとして,「指導の個別化・学習の個性化」という考え方がある(加藤,1982)。

		教育の方法	
		教師	子ども
教育の内容	教師	A	B
	子ども	C	D

左の表は「誰が,どの部分を決めるか(担うか)」を表す。
BおよびC(Aの領域の一部を含む)→「指導の個別化」
(子どもは「異なっている」が,1つの指導目標に向かって,できるだけ,違いを少なくしていこうという収斂的アプローチ)
D→「学習の個性化」(子どもは「異なっている」という認識に立ちながら,その違いをさらに拡大しようとする拡散的アプローチ)

〈おわりに〉

「先に学習形態ありき」ではない。ねらいや内容に応じて使い分けること。

13節 自評の述べ方についての指導
―― 基本的な順序・内容

つい，おろそかにしがちですが，自評の述べ方を指導しておくことも大切です。
本節では，自評の述べ方についての指導を行う際の資料例を紹介します。
筆者は，初任者が初めて研究授業をする前には，下の資料例と初任者の学習指導案をもとに，自評の述べ方のひな形を作って渡していました。ひな形があると，初任者も戸惑いが少ないようです。

資料例3-8　自評の述べ方について

> ポイントは，次の5つです。
>
> | 1．立場 → 2．判断 → 3．根拠（理由）→ 4．原因 → 5．改善 |
>
> （以下，枠内の部分が，述べるセリフ例です。）
>
> まず，授業参観してもらったお礼を述べます。
>
> 「本日は，授業を参観していただき，ありがとうございました。」
>
> ### 1．立場
>
> 指導案に書いている，本時のねらい（主眼）を述べます。
>
> 「本時のねらい（主眼）は……でした。」
>
> ### 2．判断
>
> 主眼が達成できたかどうかの「判断」を述べます。
> 例えば，次のような述べ方になります。
>
> 「本時主眼の達成度について述べます。〜つめの主眼については，
> ・「十分達成できたと考えます。」
> ・「おおむね達成できたと考えます。」
> ・「不十分であったと考えます。」
> ・「判断できませんでした。」

3．根拠（理由）

「2．」で述べた判断の根拠（理由）を述べます。
ここでの「根拠（理由）」は，授業中の**子どもの姿**になります。
　例えば，ノート記述，発言，活動の様子などになります。

> 「そのように考えた根拠（理由）は，本時の<u>～の場面（～活動）</u>で，<u>～を見たとき</u>，～だった（～が～程度見られた）からです。」

※できれば，学習ノートの記述を数値化（％を出すなど）して，判断の根拠（理由）として示すとよい。このことが言えるためには，授業終了後，短時間でノート記述をチェックしながら類型化していく必要がある。自評を述べる時点で，つかんでいる範囲で言えばよい。

4．原因

「判断」で述べた主眼の達成度の原因（何がよかったからか，何が不十分だったからか）を述べます。
　学習指導案に記している，子どもの実態のとらえ方や教材解釈，手だてのあり方の点から述べることになります。

> 「主眼達成が（できた，不十分だった）原因（要因）を述べます。
> 　・子どもの実態を…ととらえ，…しましたが，…点で実態に合っていた（合っていなかった）と思います。」【子どもの実態のとらえ方から】
> 　・教材を……と解釈し，……提示をしたので，子どもたちは，…できたと思います（……を……ととらえて……しましたが，……だったので，……できなかったと思います）。」【教材解釈の面から】
> 　・手だて（場作り）の面では，……はよかったと考えますが，……の点で不十分だったと思います。」【手だてのあり方の面から】

※3点の中から，特にポイントと考えた点に焦点化して述べる。

5．改善

　主眼が十分に達成できなかった場合は，改善点を述べます。

> 「もう一度授業するなら，……を……に改善したいと考えています。」

14節　学習指導案の作成における指導

　学習指導案に記述する項目および内容は多岐に渡りますが，ここでは，特に大事にしたいと考える，次の2点について述べます。
- 「単元目標，及び主眼（本時のねらい）」の書き方の指導
- 「本時の展開（学習指導過程）」の書き方の指導

1.「単元目標，及び主眼（本時のねらい）」の書き方の指導について

　重視したい点は，（当たり前のことかもしれませんが）次の点です。

> 単元目標や主眼（本時のねらい）を明確にすること。

　単元目標とは，単元レベルでのねらいであり，主眼とは，本時（1単位時間）レベルでのねらいです。
　つまり，まず大切なことは，ねらい（単元レベルや本時レベルで，どんな子どもの姿を目指すのか→ゴールの姿）を明確にするということです。
　授業は，そのねらい（目指す姿）に向かっての営みですから，ねらいが不明確だったり，ブレていたりすると，授業の組み立て方も，不明確になったり，ブレたりしてしまいます。そのことを，まず初任者の先生に伝えたいです。
　では，単元目標，及び主眼に関する留意点について述べます。

(1) 単元目標について

> ①どの観点から書いているのかを明確し（指導要録の観点にそって書くのが一般的），1つの項目の中に，いろいろな観点の内容が交じらないようにする。
> ②該当教科の学習指導要領解説を読み，指導すべき内容が欠落していないかを検討する。

　ちなみに，筆者は，指導案を書くとき，単元目標を1番最初に書くようにしており，初任者の先生にも，それを勧めています。
　なぜなら単元目標という，その単元でのゴールの姿の達成のために，単元の指導計画や本時の学習指導などがあるのであり，単元目標が，指導案の根幹（軸）になるためです。言い換えると，単元目標は，指導案の他のすべての項目と関連しており，その関連の中心に位置づくということです。

なお，単元目標の後は，「→単元指導計画→主眼→本時の展開→（最後に）指導観」と書き進めています。もちろん，形式の一番最初（指導観）から書いていく方法を否定するものではありません。人それぞれでいいと思います。

(2) 主眼（本時のねらい）について
①単元目標との関連を考えて書く

　本時は，単元の中の１時間になるわけですから，主眼（本時のねらい）が，単元目標のどの部分と関連しているか（どの部分を担っているか）を念頭に置いて書くことが大切です。

　なお，後述の２.(1)の①でも述べているように，単元目標と同様，どの観点から書こうとしているのかも，はっきりさせておく必要があります。

②達成された姿がどんな姿なのかが分かるように，具体的に書く

　この点は，単元目標を書く上でも大切なことですが，本時レベルでは，より大切なことなので，独立させて，ここで取り上げます。

　書く際には，語尾を「……を書くことができる」「……を説明することができる」などの行動目標（外側から観察できる行動で表現したもの）で表現するわけですが，その「……できる」とは，どういう状態なのかを具体的にするように，初任者の先生に働きかけることが大切です。

　例えば「……を理解できるようにする」という表現をよく使いますが「どんな状態が理解した状態なのか」を，行動レベルで考えておくということです。

　さらに詳しく述べると，「本時のどの場面（どの活動）で，何を見たとき，どの程度できておけばよいか」（本章13節「自評の述べ方についての指導」の３．根拠（理由）を参照）まで具体化しておくと，申し分ないと思います（ただし，関心・意欲・態度面は，ここまで具体化するのはたいへん難しいです）。

　ここまで具体化しておくと，初任者の先生が，授業後に自評を述べる際に困りませんし，授業の評定もやりやすくなります。

2.「本時の展開（学習指導過程）」の書き方の指導について

　本時の展開（学習指導過程）には，基本的に，「学習活動・内容」「手だて」が位置づきます。大まかにいうと，次頁のように，左側に「学習活動・内容」，右側に「手だて」という形式が一般的ではないかと思います（手だては，「指導上の留意点」や「教師の支援」などの他の言い方で表現することもあります）。

※	学習活動・内容	手だて

※学習段階が入る場合もあります。

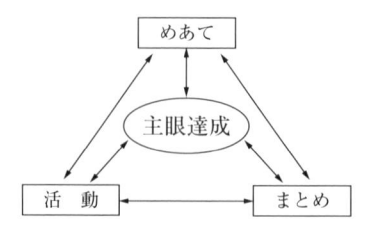

図3-2 「めあて」「活動」「まとめ」と主眼達成の関連

　まず，前提として考えたいことは，図3-2に見られるように，本時の「めあて」「活動」「まとめ」が，主眼達成と関連したものになっているか"ということです。
　また，「めあて」「活動」「まとめ」も，それぞれの間で関連をもつようにすることが大切です。
　以下，「学習活動・内容」と「手だて」に分けて，指導点を述べます。

(1) 学習活動・内容について

①子どもの活動であるので，「……する」「……について話し合う」など，［子ども］が主語になるようにします。
②具体的な内容は「・」を起こして書く。その際，内容が落ちないように気をつけるようにします。

　学習活動は書いてあるが，どんな内容をつかむのかが不明確な指導案が，たまにですが見られます。この点について，有田（2001）は，次のような指摘をしています。

> （前略）どんな指導案が多いか，少し書いてみよう。
>
> 　1　めあてを確認する。
> 　2　ゲストティーチャーを紹介する。
> 　3　森と川の先生から話を聞く。
> 　　※四人の先生に，森と川について話をしてもらう。
> 　　※メモをとりながら聞く。
> 　4　感想を発表する。

「ねらい」をみると,「ゲストティーチャーに,自分の知りたいことを教わることができる」となっている。
　こういう「内容（教材）」のない指導案が実に多いのである。
「森と川」という文字から,かすかに森と川のことを学習するらしいとわかる。しかし,森のどんなことを聞くのか,川についてどんな話を聞こうとしているのか全くわからない。
（中略）上の総合の指導案は,「森と川」のところに他のことばをあてはめると,こういうタイプの指導にはずっと使える。使おうと思えば,一年間使える。

③前項で述べたことと関連しますが,主眼が達成されたかどうかを「本時のどの場面（どの活動）で,何を見たとき,どの程度できておけばよいか」という点を念頭に置きながら書くとよいと思います。

(2) 手だてについて

①教師が行うことであるので「……させる」「……できるようにする」など,［教師］が主語になるようにします。
②ねらいを達成するための,教師の手だてを入れます。大まかにいって,次の2つのパターンがあります。
〔手だて→ねらい型〕
　………させ［手だて］,……できるようにする（させる）［ねらい］
〔ねらい→手だて型〕
　……な子どもが,……できるように［ねらい］,……する［手だて］
その際,「学習活動と内容」の言葉を裏返しにして（語尾だけを変えて）書かないように働きかけることが大切です。
　例えば,学習活動・内容欄で「……について調べる」と記述した場合の手だて欄に,単に「……について調べさせる」と語尾だけを変えて書かないようにするということです。どうやって調べさせるのかの手だてを入れる必要があります。
　なお,特に重要な（ポイントになる）手だては「※」で表記することがあることも,合わせて伝えるとよいでしょう。

15節 発問・指示についての指導

「発問・指示」というと,教師主導のようなイメージがありますが,授業には「発問・指示」が不可欠です。的確な発問・指示ができることは,教師にとってたいへん重要なことだと思います。

本節では,発問・指示について指導する際の資料例を紹介します。

資料例3-9　発問・指示について（野口,1986；有田,1988；岩下,1989より作成）

1.「発問」について
(1)「発問」とは
「発問」とは,教師が子どもに向けて「発」する「問」いであり,問うことによって,それまで見えなかったものが見えてくる。

・「質問」とは異なる

「質問」は答えが分からないときに聞くもので,する側は答えが分かっていない（未知）だが,「発問」は,する側は,答えが分かっている（既知）。

(2) 発問における留意点
①「子どもに,どんなことを言わせたいか」を考えて,発問を練る

「こんな発問をしたら,子どもは,こんな発言をするだろう」ではなく,「子どもに,こんな発言をさせたい。そのためには,どんな発問をすればよいか」を考える（いかに,授業のねらいにそった発言させるか）。

②何について考え,答えたらよいかが分かる発問をする

この点に関連して,「発問後の子どもの反応がかんばしくないとき,すぐ別の発問に安易に変えない（似た発問をむやみに繰り返さない）」ことも取り上げたい。

問いがパッパッと変わると,教師は同じことを尋ねているつもりでも,子どもは,何について考えたらよいかが分からなくなったり,ついて行けなくなったりして混乱する。

繰り返すのであれば,発問を一言一句そのまま繰り返す。

やむを得ず,発問を変える時も,最初の発問をした後,しばらく待った上で行うようにする（子どもが考える時間を考慮することは,反応が速い子どもだけに合わせて授業を進めない点からも重要である）。

まずは，発問に安易に変えたり，似た発問を繰り返したりしなくていいように，事前の教材研究で，発問を吟味しておくことが大切。
③発問をしたら，指示をつける（発問と指示をセットにする）
「大きな道路のそばに，お店がたくさんあるのは，どうしてでしょうか」（発問）
→「自分の考えをノートに書きなさい」（指示）
作業をさせたら，机間巡視をする（机間巡視については，本章7節参照）。
時間の関係もあるので，いつも，このような指示をして作業をさせるわけにはいかないし，発問するたびに作業をさせる必要はない。授業のポイントを決め，「ここは大切」という部分で，意識的に用いるようにする。

2.「指示」について
(1)「指示」とは
「………しなさい（しましょう）」などの活動の指示のこと。「発問」とは異なるので，きちんと区別して考える。

(2) 効果的な指示の例
させたいことを直接言って，事足りる場合もあるが，言葉を工夫することで，子どもの行動が変わることを考えておくとよい。
岩下（1989）は，下記のような事例を紹介している。

「速く書きなさい」
→「鉛筆の先から煙が出るくらいに速く書きなさい」
「もっとゆっくり，息を入れなさい」（リコーダー）
→「小さなシャボン玉を少しずつふくらませるように吹いてごらんなさい」
「腕を上にあげて力を抜いて，うつぶせになりなさい」（伏し浮き）
→「おばけになりなさい」
「しっかり洗いなさい」（鍋洗い）
→「お鍋をゴシゴシ洗う音が，ここまで聞こえてくるように洗ってごらん」
「のどを開けて歌いなさい」（歌）
→「マシュマロを一個想像します。そのマシュマロをかまずに，しかも形を変えずに飲み込んでごらん」

16節　板書についての指導

　本節では，板書について指導する際の資料例を紹介します。
「板書を見るとその授業が見える」などと言われます。
　板書を考えることは，「何を」「どこに」「どう」書くかを考えることになり，「板書計画ができる」ことは，「授業の計画（内容，流れ，仕組み）ができる」と言えますので，板書は大切に考えたいものです。
　資料例3-10は，板書の基本的な考え方をまとめたもので，具体例を示したものではありません。ですから，初任者の先生が授業の中で活用しやすいように，さまざまな板書のパターンを示したり，いろいろな先生の板書写真を見せたりして補説し，具体的なイメージをもってもらうようにするとよいです。

資料例3-10　板書について（野口，1989：柳瀬，1990：有田，2005より作成）

〈はじめに〉
　「板書計画ができる」ことは，「授業の計画（内容，流れ，仕組み）ができる」こと。

1．板書の特質（よさ）
　①板書と話を結んで理解を助ける**併用効果性**
　②枠囲みや色墨による**重点協調性**
　③どんな資料でも持ち込める多様な**結合性**
　④いっせいに全員を引きつけられる**同時集中性**
　⑤消したり書いたりできる柔軟な**自在性**

2．よい板書と悪い板書
(1) よい板書
　①学習の過程を把握できる板書
　②子どもの考えが見える板書
　③1時間の流れが構造的にまとめられている板書
※よい板書として，よく「構造的な板書」という言い方がされる。では，「構造的な板書」とはどんなものだろうか。次のように考えた。

> A）まとまり（内容）が分かる。
> B）順序（流れ）が分かる。
> C）つながり（仕組み）が分かる。
> この３つを考える上では「枠囲み」「矢印」の使用が重要になります。

(2) 悪い板書
①脈絡がなく，断片的に書きなぐる（思いつき型）
②むやみと子どもの発表を，ずらずらと書きまくる（べったり型）
③タイトル風に羅列，短冊カードを貼るだけ（タイトル型）
④やたらと→や線でつなぐ（迷路型）
⑤書いては消し，書いては消し（ネオン・サイン型）

3. 留意点
(1) 板書を書くにあたって
①黒板をよく拭いて，全面が使えるようにしておく。
②文字は，大きさに気を配りながら一画一画ていねいに書き，誤字や筆順間違いがないようにする。
③板書する教師の陰になり，児童から字が見えないことがないようにする。
④色チョークを効果的に使う（使い方を決め，子どもに教える）。
⑤必要に応じて，子どもにも板書させる（子どもには折れたチョークの方が使いやすい。また，子どもができるだけ黒板消しを使わないで，一回で書けるように，日頃から指導する）。
⑥ネームプレートを活用する方法もある。
　→考えの分類が分かる。話し合いがつながりやすくなる。考えを賞賛できる。

(2) 板書を消すにあたって
子どもの印象に残る消し方をするとよい。
①重要でないところから消していき，最後に本時のポイントになる内容を残し，そこを声に出させて読ませたり，もう一度その内容を確認したりしてから消す。
②ポイントになるところを先に消し，「今，消したところにどんなことが書いてありましたか」と，もう一度復習してから消す。
③わざと虫食い状態の板書を残し，次時の始めに埋めさせてから消す。

コラム3 初任者に「得意(専門)教科を1つ作る」ことを勧める

　小学校の先生は全教科の指導をするので，得意(専門)教科を，わざわざ作る必要はなさそうですが，小学校の先生でも，得意(専門)教科を作ることは，とても大切だと考えます(ここでは，「教科」と記していますが，道徳や学級活動等も含みます)。

　その理由は，次のような筆者自身の経験からです。

　新任のとき，尊敬する先輩の先生から「何か1つの教科に詳しくなると，他の教科のことも分かるようになってくるよ」と言われました。

　この話を聞いたとき，「そんなはずはない」「その教科のことをしっかり勉強しないと，分かるようにはならないだろう」と思い，半信半疑でした。

　しかし，この話は頭にずっと残っていました。そして，社会科にしぼって取り組み始めて，何年たったころでしょうか。だんだん，この話の意味が分かってきました。

　結局，どの教科でも，授業の組み立て方や見方，教材研究の仕方などは，かなりの部分，共通するということだと思います。

　このような経験があったので，指導教員をしている際，初任者に，よく
・「得意(専門)教科を，1つ作って下さい(1つで十分)」
・「2年目(遅くても3年目)からは，『得意(専門)教科は何ですか』と尋ねられたとき，即答できるようになって下さい」
という話をしていました。

　また，行動レベルでは，次のような話をしていました。
・特に頑張りたい教科を決め，地域にある，その教科の研究会に入る。
・そして，授業研究会や研修会などがあったら，(できるだけ)欠かさず参加する(顔を覚えてもらえる→仕事が回ってくる。そのとき，断らない)。

研究会に入ると，次のようなよさがあることも，合わせて話しています。
・刺激がある(「こうしたらいいんだ。なるほど」という学び・納得の刺激や，「このままではいけない。頑張らないと」という奮起の刺激)。
・ネットワーク(学校外の人とのつながり)ができる→一緒の学校ではない(一緒の学校になれないような)先生とつながりができる。

第4章
課題研修の進め方

━━━━◇━━━━

　初任者研修制度が実施される前は，新任の教師は，「自分で課題を見つけ，解決方法を考え，実践し，まとめる」という一連の流れを経験することは，よほど意識的に行わない限り，ありませんでした。

　本文でも簡単に述べていますが，この一連の流れを経験しておくことは，2年目以降にもつながる大切なことです。

　本章では，課題研修の指導のあり方について，順を追って説明しています。

1節　課題研修の内容と意義

1. 課題研修とは

　課題研修とは，端的に述べると，初任者が，自分の実践上の課題を解決していく研修です。具体的には，次のような大筋の流れで，1年間かけて行います。

> ①初任者自身が自分の実践を振り返って課題をもち，〔課題設定〕
> ②その課題を解決するための手だてを考え，〔方途選定〕
> ③その手だてを取り入れた意図的・計画的な実践を行い，〔実践〕
> ④実践を振り返って成果と課題を整理する。〔考察〕

　大まかに述べると，①の〔課題設定〕，②の〔方途選定〕までを4～5月（遅くとも6月上旬まで）に行い，以降，③の〔実践〕を行い，2月頃に④の〔考察〕をまとめる流れになります。

　筆者が勤めている県では，次のように課題研修報告書の形式（項立て）が例示されています。

　(1) 課題設定の理由（①〔課題設定〕に対応）
　(2) 課題解決のための方途（②〔方途選定〕に対応）
　(3) 実践例（③〔実践〕に対応）
　(4) 成果と課題（④〔考察〕に対応）

　もちろん，県や地区によって形式がきちんと定められている場合には，その形式に合わせて記述することになりますが，特に定められていない場合は，上の(1)～(4)の項立てが，参考になるのではないかと思います。

　また，県や地区によっては，論文という形で，かなり長くまとめなければならない場合もあるかと思います。その際は，(1)～(4)の項立てをさらに小さな項に分けるなどして，項を細分化するとよいです。

　対象児童をしぼり込んで，事例研究的に取り組む場合もあるかと思いますが，その場合も，単に子どもの事実だけを記述するのではなく，教師の願い（ねらい）と行ったこと（方途・手だて）も記述することが大切です。

　なお，本章の2～6節までは，上の(1)～(4)の項にそって，指導の仕方を解説しています。

2. 課題研修の意義

　課題研修（教師が実践上の課題を解決していくこと）が子どものよりよい成長につながることは，いうまでもありませんが，教師自身にとっても，次のような意義があると考えます。

> 　研究的な教育実践（課題設定→方途選定→実践→考察）のあり方を，与えられた課題ではなく，自ら取り出した課題を解決していく中で体得できる。

　研究的な教育実践のあり方を体得しておけば，2年目以降に実践するときに，取り組む教科や内容が変わっても応用することができます。

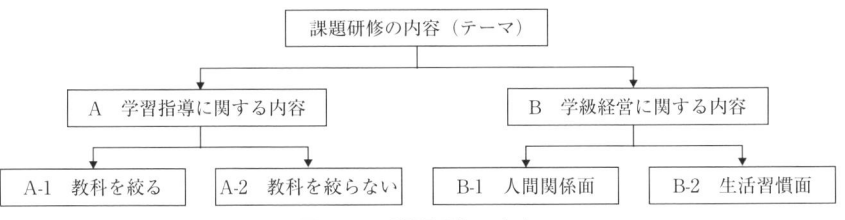

3. 課題研修の内容

　筆者は，課題研修の内容（テーマ）を，次の図4－1のようにとらえています。

```
                課題研修の内容（テーマ）
         ┌──────────────┴──────────────┐
  A　学習指導に関する内容          B　学級経営に関する内容
    ┌──────┴──────┐              ┌──────┴──────┐
A-1 教科を絞る  A-2 教科を絞らない  B-1 人間関係面  B-2 生活習慣面
```

図4－1　課題研修の内容

　A-1とは，例えば，「算数の授業で子どもたちが意欲的でないので，意欲的に取り組む算数の授業を目指したい」という場合です。
　A-2とは，例えば，「どの教科においても，話し合いが活発ではないので，教科をしぼらずに，話し合いが活発になることを目指したい」という場合です。
　B-1とは，例えば，「学級内で男女の協力が不十分なので，男女が協力し合う学級を目指したい」「仲間意識を育てたい」という場合です。
　B-2とは，例えば，「整理整頓ができていない子や忘れ物をする子が多いので，持ち物をきちんとそろえ，整理できることを目指したい」という場合です。
　どれが望ましいというわけではありません。課題設定の仕方については，次節で説明しますが，学級の実態に応じた内容（テーマ）であることが大切です。

2節 課題設定に関する指導

〈課題設定の手順〉

大まかにいうと，次のような手順で行います。

> ①初任者が「何とかしたい」「もっとこうなったらいい」と感じていることを，できるだけたくさん書き出す。
> ②初任者に問いかけたり，①を分類する作業を行ったりしながら，その中から，「今，学級で取り組むべき課題はこれだ」という内容に絞り込む。
> ③取り組む内容（テーマ）の表記の仕方を検討する。

(1) 手順①「たくさん書き出す」について

筆者は，資料例4-1のような用紙を準備し，初任者に書いてもらいました。

時期は，5月初旬～中旬（担任をして約1か月たち，課題が見えてくる時期）が適当だと考えます。

下の資料例内★1のように書いていることで，安心感をもって（堅苦しい感じではなく）書いてもらえるのではないかと考えました。用紙の説明をした後，その場で書いてもらってもいいですし，次回までの宿題としてもいいです。

資料例4-1　課題を書き出してもらう際の用紙とA先生の記入例（網かけの部分）

> 〈演習〉
>
> この1ヶ月を振り返って，自分が「何とかしたい」「もっとこうなったらいい」と感じていることを，思いつくまま書いてみましょう（それぞれ5つ以上。無理なときは最低3つずつ）。
>
> 「こんなことを書いてもいいのかな」と思ったことから書いて下さい。★1
>
> **(1) 学習指導の点で**
>
> （特定の教科のことでもいいし，どの教科にも共通することでもいいです）
>
> > ・算数など，答えが明確なときの挙手は多いが，自分の考えなどの発表の時は，挙手する子が少ない。
> > ・めあてなどをノートに書くのが遅い子どもが多い。（他の子が書き終えそうな時に書き始めるなど）

・学習中に筆箱や鉛筆などを落とす子どもが多い。

(2) 学級経営の点で
　（A先生が記入した内容は割愛）

(2) 手順②「内容の絞り込み」について
　資料例4-1の網かけ部分（A先生が記入した内容）を見て下さい。
　記入数が多ければ分類作業を行うところですが，記入が3つだったので，次のような問いかけをしながらしぼることにしました。
　「この中で，一番，『何とかしたいな』『問題だな』『取り組んでみたいな』と思うのは，どれですか？」〔焦点化する問いかけ〕
　すると，1つ目を述べたので，挙手（話し合い）の点にしぼることにしました。

(3) 手順③「表記の仕方の検討」について
　ここでは，次のように尋ねました。

> 「『自分の考えなどの発表のとき』とは，どんなときですか？」
> 　〔実態をさらに具体化する問いかけ〕
> 「どんな話し合いができるようになってほしいと思いますか？」
> 　〔目指す姿をイメージするための問いかけ〕

　初任者の答えをもとに，「教師が目指したい子どもの姿を明確に表した表記になっているか」の点から検討し，最終的に，内容（テーマ）を，「自己の考えを積極的に出し合い，他者と高め合う子どもを育てる学習指導」としました。
　さらに，「課題設定の理由」を書く必要があったので，子どもの実態や目指す内容（テーマ）との対応を検討しながら，理由を次のように整理しました。

> 　5年生である本学級の子どもの授業中の様子を見ると，算数など，答えが明確なときの挙手は比較的多いが，国語科や社会科，道徳の時間等において，自分の考えを発表する場面では，挙手をする子が少ない。そのため，考えを多様に出し合ったり，友達同士で考えを交流したりする学び方が，十分に身についていない。
> 　そこで，自己の考えを積極的に出し合い，他者と考えを比べながら自己の考えを高めることができる子どもを目指したいと考えて，本課題を設定した。

※アンケートをとって「課題設定の理由」に入れる方法もあります。事前にとっておくと，事前→事後の比較ができ，子どもの伸びを数値化できます。

3節 方途設定に関する指導

〈方途設定の手順〉

　方途（手だて）は，課題の内容（テーマ）を明らかにした後，設定することになります。方途（手だて）は，課題の内容（テーマ＝目的）を達成するための方法ですから，方途（手だて）を先に設定することは避けて下さい。

　手順は，主に次のようになります。

> ①目指す姿に対して，できていない原因や必要な条件を考えながら，考えられる手だてを取り出す。
> ②取り出した手だてを検討・整理し，項立てとしてまとめる。

(1) 手順①「考えられる手だてを取り出す」について

　前節のA先生の場合（テーマ「自己の考えを積極的に出し合い，他者と高め合う子どもを育てる学習指導」）を例に説明します。

　まず，「発表（考えの出し合い）ができていないのは，どうしてだと思いますか」と，テーマ前半に対する"原因に着目する問いかけ"を行いました。

　すると，次の２点から，原因を考えていることが分かりました。

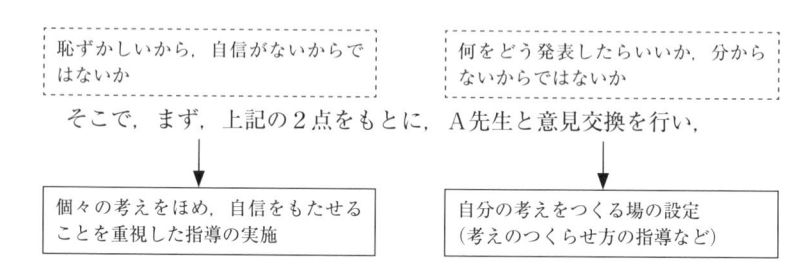

恥ずかしいから，自信がないからではないか	何をどう発表したらいいか，分からないからではないか

　そこで，まず，上記の２点をもとに，A先生と意見交換を行い，

個々の考えをほめ，自信をもたせることを重視した指導の実施	自分の考えをつくる場の設定（考えのつくらせ方の指導など）

という手だてを取り出しました。

　次に，「発表（考えの出し合い）ができるようにするためには，他にどんなことが必要だと思いますか」と，"必要な条件に着目する問いかけ"を行い，

3節●方途設定に関する指導

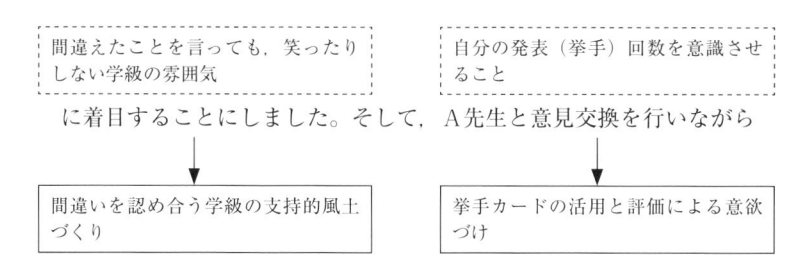

```
┌─────────────────────┐      ┌─────────────────────┐
│ 間違えたことを言っても，笑ったり │      │ 自分の発表（挙手）回数を意識させ │
│ しない学級の雰囲気        │      │ ること            │
└─────────────────────┘      └─────────────────────┘
         に着目することにしました。そして，A先生と意見交換を行いながら
         ↓                              ↓
┌─────────────────────┐      ┌─────────────────────┐
│ 間違いを認め合う学級の支持的風土 │      │ 挙手カードの活用と評価による意欲 │
│ づくり            │      │ づけ             │
└─────────────────────┘      └─────────────────────┘
```

という手だてを取り出しました。

以下，「他者と高め合えるようにするためには，どんなことが必要だと思いますか」と，テーマ後半の「他者と高め合う」に着目した"必要な条件に着目する問いかけ"を行い，意見交換をしながら，下の手だてを取り出しました。

・対立的な話し合いのめあての設定による，話し合いの目的意識の明確化
・ネームプレートの活用，構造的な板書の工夫・目的に応じた座席の工夫

(2) 手順②「項立てとしてまとめる」について

A先生の例では，テーマ前半（考えを出し合う）と，後半（他者と高め合う）に分類して手だてを取り出していたので，改めて手だての分類をする必要はありませんでした。

このような場合は，分類したものに小見出しをつければOKです。そこで，

・テーマ前半に関する小見出しを「考えを多様に出し合わせるために」
・テーマ後半に関する小見出しを「考えを他者と高めさせるために」

としました。

表4-1は，別テーマにおける項立て（小見出し）の例です。

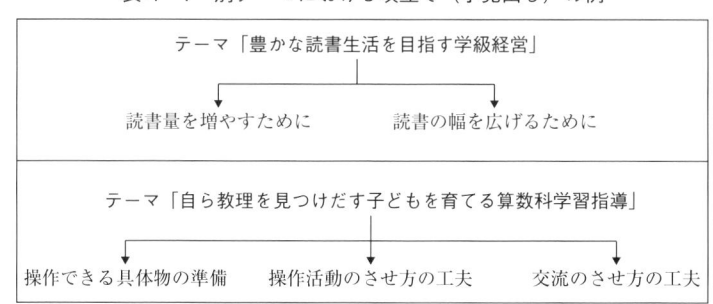

表4-1 別テーマにおける項立て（小見出し）の例

```
┌─────────────────────────────────────────┐
│       テーマ「豊かな読書生活を目指す学級経営」         │
│           ↓            ↓              │
│      読書量を増やすために    読書の幅を広げるために      │
├─────────────────────────────────────────┤
│    テーマ「自ら教理を見つけだす子どもを育てる算数科学習指導」    │
│        ↓         ↓          ↓        │
│   操作できる具体物の準備  操作活動のさせ方の工夫  交流のさせ方の工夫 │
└─────────────────────────────────────────┘
```

4節　実践の書き方に関する指導

　枚数制限の有無や，制限があるなら何枚までかによって，書き方が変わってきます。いずれにしても，方途がよく表れる部分を選んで（焦点化して）書くことが大切です。
　次のような指導手順が考えられます。

実践の書き方の指導手順

> ①項立て（小見出し）を示す。
> ②項立て（小見出し）ごとに，書き方のパターンを示す。

　この①，②にそって初任者に書いてきてもらったものを検討します。項立てや書き方のパターンを示すと，初任者の先生も書きやすくなります。

1. 手順①について

【例1】ア　単元名　イ　単元目標　ウ　単元計画　エ　指導の実際　オ　考察
　学習指導に関する課題研修の場合の一般的パターンだと思います。説明の都合上，エとオに分けています。エとオを合わせて「指導の実際と考察」も可です。

【例2】ア　単元名　　イ　本時のねらい　　ウ　指導の実際と考察
　1単位時間のみを取り上げる場合，この項立ても考えられます。

【例3】ア　1学期における実践　イ　2学期における実践　ウ　3学期における実践
　学習指導以外の取り組みが入る場合，この項立ても考えられます。

2. 手順②について

　ここでは，上の【例1】の項立て（ア～オ）にそって説明します。

ア：単元名

　基本的に単元名をそのまま書けばOKですが，実践単元によって中心となる方途（手だて）が異なる場合は，単元名の後に，（　）で（……しながら──する学習）と，目指す学習像の説明をつけることも考えられます。……の部分が，中心となる方途になります。

イ：単元目標

　ここで大切なことは，自分が目指す内容（テーマ）と方途が入った表現が目標の中に含まれるようにすることです。

　つまり，「目指す子どもの姿は，この単元ではこんな姿ですよ」ということを，目標の1つとして入れるということです。

　例えば，テーマを「自己の考えを積極的に出し合い，他者と高め合う子どもを育てる学習指導」としたA先生（5年担任）は，社会科の「さまざまな自然とくらし」の中で，「沖縄と北海道，どちらに住むのか得か」について対立的な交流を行いたいと考えました。そこで，単元の目標の関心・意欲・態度の項目に「沖縄と北海道について学習したことをもとに，『どちらに住むのが得か』について，自分の考えをつくり，対立的な交流を意欲的に行うことができるようにする」を位置づけました。

ウ：単元計画

　紙面をどれくらいとれるかによって，書き方が限定されます。以下，紙面が少ない場合の順番に，書き方の例を3つ記します。

(1) 単元をいくつかに分割して，まとまりごとに書く方法

　上の「さまざまな自然とくらし」（社会科）では，次のようになります。

【第1次】　沖縄の自然環境と人々のくらし（3時間）
【第2次】　北海道の自然環境と人々のくらし（3時間）
【第3次】　討論「沖縄と北海道，どちらに住むのが得か」（2時間）
【第4次】　国土の広がりと気候の様子（2時間）

　【第○次】ではなく，「つかむ」段階，「さぐる」段階…のように，単元の段階で説明することもできます。

(2) 「次」の内容を分け，1時間ごとの内容が分かるように書く

　下のように【第○次】の後に，1時間ごとの内容を書くということです。

【第1次】沖縄の自然環境と人々のくらし（3時間）
〈第1次〉沖縄の自然環境を調べる。（ここでは，第2次以降は省略）

(3) 表にして，留意点（支援）も分かるように書く方法

　例として下のような形式があります。

配時	学習活動と内容	指導上の留意点（教師の支援）

エ：指導の実際
(1) 記述部分の取り出し方を決める
　まず"単元のどの時間を取り出して記述するか"を明確にすることが必要です。取り出し方としては，次の2つがあります（野田，2005）。

> A　単元の全時間を取り上げて，順序よく記述する。
> B　単元の中から，何時間かを取り出して記述する。

　なお，Aでは，次の3つの区切り方があります。
・1時間ごとに区切って書く。
・学習段階や活動ごとに区切って（何時間をひとかたまりにして）書く。
・いくつかの期に区切って書く。

　課題研修の場合，紙面が限られていると思いますので，どの取り出し方（区切り方）で書けば，自分が取り組んだ内容（テーマ）を，限られた紙面で色濃く表現できるかを考えながら，選択することになります。

(2) どんなことを書けばいいかを示す
　ここでは，「教師がどのような支援・指導をして」「子どもがどのように学んでいったのか」という，教師の働きかけと子どもの反応を記述することが大切ですので，その点を説明します。
　その際，留意することは，次のことです。
【教師の働きかけ】　方途（手だて）にかかわる指導の工夫を書く。
【子どもの反応】　目指す内容（テーマ）にかかわる部分を強調（焦点化）して書く。
・こんなことをした〔活動〕
・こんなことを言った〔発言〕
・こんなことを書いた〔ノート記述〕

　方途（手だて）を行ったにもかかわらず，期待していた反応が現れなかったときは，その不十分な反応を書くように指導して下さい。不十分な点について「なぜ，うまくいかなかったのか」「どう改善したらいいのか」を考えていくことも大切だからです。
　また，子どもの反応は，全体と個（抽出児）の両方から記述するとよいですが，スペースが少ない場合は，どちらか一方でよいでしょう。
　なお，全体・個（抽出児）の反応を記述するとは次のようなことです。
・全体の反応を記述する
　→全員の反応を分類して，その割合を表で表したり，文章の中で，期待した反応を示した子どもの割合を示したりすること。

・個（抽出児）の反応を記述する
　→2，3名の抽出児の様子を，具体的に示すこと。

抽出児を取り上げるときは，遅れがちな子も取り上げ，遅れがちな子どもも，期待していた反応を行っていたことを示すと，考察の際に，方途（手だて）が効果的であったことを強調できます。

(3) 書き方のパターン（雛形）例を示す

例えば，筆者が所属している地区の社会科教育研究会では，研究のまとめの書き方を，資料例4-2のように説明しています（前述した「学習段階や活動ごとに区切って（何時間をひとかたまりにして）書く」場合の例になります）。

資料例4-2は，あくまで1つの例ですが，このようなパターン（雛形）を示すと，初任者の先生も，作業が進めやすくなります。

資料例4-2　「指導の実際」の書き方のパターン例

> **(1)「○○○」段階**
> 　この段階では，……をねらいとしている。〔段階におけるねらいを端的に書く…(a)〕
> 　そこで，………。〔具体的な活動，手だてを書く…(b)〕
> 　子どもたちは……。〔子どもたちの反応を，写真や資料を示しながら書く。写真やノートなどの資料には番号と見出しをつける…(c)〕
> **(2)「○○○」段階（以下同じ）**

(4) 書き方のパターンの留意点

前項の補足をするために，ここでは書き方の留意点について述べます。

> ①教師が，何のために何をしたのかの意図が読み取れるように，教師の働きかけ・意図（資料例4-2では，(a)のねらい，および(b)の教師が仕組んだ活動や手だての部分）が明確になるように記述する。
> ②子どもの反応（資料例4-2では(c)の部分）が不足しがちになるので，子どもがしたこと，言ったこと，書いたことを具体的に記述する。
> ③不十分な点は「しかし」で書き始める（「しかし」→課題につながる）。
> ④写真や資料を載せる場合は，文中に位置づけることを忘れないようにする。

ここでは，特に④について説明します。ここでいう資料とは，写真以外でいえば，例えば次のようなものです。

・子どものノート記述（抜粋）

・子どもの反応を分類した表
　・教師と子どものやりとりを整理した TC 表
　・提示した資料　など
　これらの資料を載せるわけですが，ややもすると，ただ単に"載せただけ"になりがちです。写真や資料を載せる場合は，番号とタイトルをつけ，文中に位置づける（文中に引用する）ようにして下さい。
　例：「討論のまとめとして，討論を終えて考えが変わったかを問い，その理由について学習ノートにまとめさせた。子どもたちは，**資料１，２にみられるように**，交流活動を通して，自分の考えを強化したり修正したりしていった」
　　（「**資料１の……にみられるように…**」と焦点化して記述する場合もあります。）
　【解説】波線部分を入れなくても，文としての意味は通りますが，資料が文中に位置づけられていないので，読み手は，文と資料を結びつけて読むことが難しくなります。その結果，せっかく資料を載せていても，子どもの姿が伝わりにくくなってしまいます。
　　なお，資料のタイトルのつけ方は，例えば，資料１のタイトルを「考えが強化されたＡ児の感想」，資料２のタイトルを「考えを修正したＢ児の感想」として，タイトルを本文の言葉に対応させることが大切です。

オ：考察
　「考察」の書き方の指導の仕方について，前掲の拙著（野田，2005）をもとに，次の２点から記します。
(1) どんなことを書けばいいかを示す
　学習指導の様子（指導の実際）では，教師の働きかけや子どもの反応に関する「事実」を記述します。これに対して，考察では「解釈」を記述します。この「解釈」の内容が「判断＋根拠」です。つまり，考察では，「判断」と「根拠」を記述すればよいことを指導します。
　①「判断」について
　【何に対する判断か】
　　目指す子どもを具現化する上での，手だての有効性（効果）に関する判断。
　【判断に関する記述のパターン】
　　通常，次の４つのうちのどれかを記述します。
　　　→「有効であった（と考える・判断する）」
　　　※「効果があった」や「効果的であった」という書き方もあります。

→「おおむね有効であった（と考える・判断する）」
　　　→「有効ではなかった（と考える・判断する）」
　　　→「判断できなかった」
②「根拠」について
【どんなことを書くのか】
　判断の根拠を子どもの姿をもとに述べます。ここで述べる子どもの姿とは[**発言内容（つぶやき）**][**ノート記述**][**活動の様子**]です。
③「判断＋根拠」の組み合わせ方について
　「判断→根拠」型（判断を先に述べる）と「根拠→判断」型（根拠を先に述べる）があります。この型については，次項(2)で後述します。

(2) 書き方のパターン例を示す
　あくまで例ですので，アレンジして指導して下さい。
①「判断→根拠」型

「……において，……させたことは，子どもが……していく上で○○○であった」
　→ここまでが「判断」で，次の"このことは"以下は「根拠」となります。
「このことは，……した（させた）際に，……ことから判断できる」
　→グラフや表などの資料で内容を示す場合→指導の実際における記述と同様に，「資料○にみられるように…」と記したり，「資料○参照」と付記したりします。
　この後，「A児は……。また，B児は……」と続ける場合もあります。

---

②「根拠→判断」型

「……について……した（させた）際に，子どもの反応は……であった」
　→グラフや表などの資料で内容を示す場合は，上の①の場合と同じように，「資料○にみられるように…」と記したり，「資料○参照」と付記したりします。
　この後，「A児は……。また，B児は……」と続ける場合もあることも，①と同じです。ここまでが「根拠」になります。
　この後，「このように，子どもたちは……ことが分かる」というふうに，反応を目指す姿の面から意味づける書き方もあります。波線以下が「判断」になります。
「これらのことから（によって），……において，……した（させた）ことは，子どもが……していく上で○○○であった」

　どちらの場合も，判断の根拠は，「指導の実際」の中で述べた子どもの反応（[発言内容][ノート記述][活動の様子]）をもとに述べます。

例えば，「判断→根拠型」の「根拠」の部分（「このことは」以下）は，次のような書き表し方になります。

- **発言内容から判断する場合**

　「このことは，『……』という発問に対して，「○○」「△△」という発言がみられたことから判断できる。」

- **ノート記述から判断する場合**

　「このことは，……について記述させた際に，「○○」「△△」と，……に着目して記述していた子どもが○％いたことから判断できる。」

- **活動の様子から判断する場合**

　「このことは，『○○』と指示（発問）した際に，子どもたちが……しながら……していたことから判断できる。」

※どんな子どもの活動なのか，目指す子どもの活動像をもとに，具体的に記述することが大切です。スペースがあれば「指導の実際」で，活動の写真や作品の縮小版を載せておくと，説得力が高まります。

　不十分な点があったら，以下，「しかし」と続け，内容を記述します。その際も，できれば全体の姿とともに抽出児の姿も記述するとよいです。

　この「しかし」以下の部分は，今後の課題につながります。

「しかし，……子どもも○％いた。」（「『……』など……できない子どももみられた」「A児は……を……できなかった……」など。）

　→目指す姿を達成できなかった不十分な子どもの姿の記述

「これは，……に問題があったからと考える。」

　→達成できなかった原因の記述

「そこで，今後は……ていく必要がある（……を……すればよかったと考える）。」

　→今後の方向性の記述。具体的な改善点にふれるとよいです。

　→実践1での反省点を，実践2で改善するような構成にするのもよいです。

　なお，筆者が所属する地区の社会科教育研究会では，考察の書き方を資料例4-3のように説明しています。第1文が「根拠」，第2文が「判断」と考えると，「根拠→判断」型の1つのパターンになると思います。

資料例4-3　「考察」の書き方のパターン例

「子どもたちは，……（活動）を通して，……することができた（変容）。これは，……（手だて）したことによって，……（変容のきっかけ）したからである。」

コラム 4　目指す姿を明確にすることの大切さ

　以前の話で恐縮ですが，安倍首相は，前回の首相在任時に我が国の目指す姿を「美しい国」という言葉で表現していました。
　リーダーが方向性を示すことはたいへん重要なことだと思いますが，「じゃあ，美しい国って，どんな国？」と思われた方もいたのではないでしょうか。
　つまり，「美しい国」とは抽象的な言葉なので分かりにくい。具体的にどんなことかが分かるとすっきりするということだと思います。
　下はあくまで例ですが，

美しい国 ┤ 国土の美しさ（水，空気，森林の美しさなど）
　　　　├ 文化の美しさ（伝統の尊重や新しい文化の創造など）
　　　　└ 社会の美しさ（雇用確保や福祉・教育面の充実など）

のような形で示してあると，「美しい国」よりも具体的だと考えます。
　教育の世界でも，同じことがいえます。
　例えば，課題研修では，目指す姿［取り組む内容（テーマ）］を設定するわけですが，目指す姿を具体的にしておかないと読み手も分かりにくいです。
　また，書き手も考察のときに困ります（目指す姿が不明確であることは，達成できたかを判断するための評価基準が不明確になるからです）。
　ですから，仮に（説明のために，あえて極端な例をあげますが）テーマを「根性がある子どもを育てる学級経営」とした場合でも，「根性がある」とはどんなことか（評価基準）を明確にしておけば，達成できたかどうか判断することができるわけです（このテーマを勧めているわけではありません）。
　なお，上述の「美しい国」について，浅井慎平さん（写真家）は，「サンデーモーニング」という番組（TBS系：平成18年9月3日放送）の中で，「美しくないことはどういうことなのかをはっきりさせないと，新しい美しさが見えてこない」という旨のことを言われていました。
　「○○ではないこと（目指す姿と逆の姿）はどういうことか」を考えることは，目指す姿を具体化していく上でのヒントになると思います。

5節　まとめ（成果と課題）に関する指導（1）
——記述パターン

本節も，前掲の拙著（野田，2005）をもとに説明します。

1.「成果」の書き方の指導について

目指す子どもの姿（取り組んだ内容）を具現化する上で，どんな方途が有効・効果的であることが分かったかについて述べます。

その際，方途（手だて）は既に述べていますから，成果は，方途の柱立てにそって（言い換えると課題解決の見通しに関する部分に焦点化して）述べるのが一般的です。

つまり，方途が3点から述べられていたら，成果も，この3点から述べることが多いです。基本的な表現の仕方としては，次の2つがあります。

それぞれの書き方の例をいくつか紹介しますので，参考にして下さい。

(1) 目的→手だて型

○○の部分が目的，□□の部分が手だてを表します。

【例1】「……の面では，○○するために，□□したことが有効であった」
→下線部で，方途（手だて）の柱立ての内容を表現します。

【例2】「○○を育てるためには，□□が効果的であることが明らかになった」
→このように「〜が明らかになった」という書き方もよく使われます。

【例3】「○○のあり方として，次のことが大切であることが明らかになった」
・「……ように，……し，……を行うこと」
・「……の場では……させること」
→具体的な方途を箇条書きにする書き方もあります。

(2) 手だて→目的型

【例1】「……の面からは，□□したことは，子どもが○○していく上で有効であった。
　　　特に，□□したことは，○○につながり，○○に結びついたと考える」
→注目すべき点を「特に……」以下で取り上げて記述しています。

【例2】「□□を行った結果，子どもたちは○○ができ，○○が伸長した」
→下線部で，方途（手だて）の効果について，簡単に説明を加えます。

2.「課題」の書き方の指導について

次の2点が考えられます。それぞれの書き方の例をいくつか紹介します。

(1) 問題点型

不十分だった点を問題点として抽出し、方向性を示して課題につなぎます。本章4節「オ：考察」で述べたように、「しかし」以下の部分が手がかりになります。

【例1】「……の面からは、……の際、……あった」〔問題点〕
　　　「……際には、……し、……していく必要があると考える」〔今後の方向性〕

【例2】「……では、……と考えたが、……できなかった面があった」〔問題点〕
　　　「今後は、……のあり方をさらに探っていきたい。具体的には……」〔今後の方向性〕
　→このように、**方向性をできるだけ具体的に書くとよいです。方向性を箇条書きする書き方もあります。**

【例3】「……ことは達成できたが、……で不十分な面がみられた」〔問題点〕
　　　「今後は……を見直し、さらに……を進めるとともに、……も考えていきたい」〔今後の方向性〕
　→下線部のように、達成できた点をあげながら、問題点を記述する書き方もあります。

(2) 発展型

さらに（より）高めたい点、工夫したい点を課題として取り上げます。

キーワードは「さらに～」「より～」「もっと～」などになります。

【例1】「本実践で目指した……姿は、ある程度、具現化することができた。今後は、さらに（より）……していくように、子どもの姿を高めたい」
　→目指した姿の面から、さらに子どもを高めたい旨を書く場合です。

【例2】「課題を解決するための指導の中核とした……は……であった。今後は、より……ような有効な手だての開発を図りたい」
　→さらに効果的な手だての開発、改善の面から書く場合です。

【例3】「課題解決に向けて取り組んだ………を、さらに……な単元の学習指導でも実践を試み、……するための……の一般化を図っていきたい」
　→単元を変え（広げ）、手だての一般化を図りたい旨を書く場合です。対象学年を変え（広げ）、一般化を目指す旨を書く場合もあります。

6節 まとめ（成果と課題）に関する指導 (2)
——実態調査

まとめを書く際，資料を収集するために実態調査を行う場合があります。
そこで本節では，実態調査項目を作成する際の留意点について述べます。

〈実態調査項目を作成する際の留意点〉

実態調査の方法にはさまざまな方法がありますが，ここでは，質問紙法（いわゆるアンケート）を取り上げます。
アンケート項目の作成の際には，次の点が大切だと考えています。

> ①自分が把握したい（目指したい）姿を，具体的に表した内容になっているか。
> ②1つの項目に，いくつもの要素を入れていないか。
> （言い換えると，「1項目で1つのことを聞く」ということです。そうすることで，実態をより的確に把握できますし，児童が答えやすくなります。）

(1) 上記①について

例えば，本章3節の表4-1で取り上げた「豊かな読書生活を目指す学級経営」の場合，単刀直入に「あなたの読書生活は豊かですか」と尋ねては，把握したい（目指したい）姿を具体的に表した内容にはなっていません。
具体的な子ども像が，
　ア．読書量を増やし，たくさんの本を読むことができる子ども，
　イ．読書の幅を広げ，いろいろな種類の本を読むことができる子ども，
であれば，「たくさんの本を読んだのか」「いろいろな種類の本を読んだのか」を尋ねる具体的な項目になっていることが大切です。

(2) 上記②について

例えば，上述の「豊かな読書生活を目指す学級経営」に関連して，次の質問項目について考えてみます。

「本を読むのが好きで，図書館によく行きますか」

この質問項目は，下線部分の「本を読むのが好き」かの内容と，波線部分の「図書館によく行くか」の2つの内容が含まれています。
ですから，"本を読むのは好きだけど，図書館にはあまり行っていないな"と思った子の回答（値）が，低くなる可能性があります。

また，教師側としても，子どもが下線部分と波線部分のどちらに重きを置いて回答したのかが分かりません。付け加えると，「よく行っていますか」の問いも曖昧です。「よく行く」のとらえ方・感じ方は，子どもによって違います。
　そこで，この質問項目は，例えば，次のアとイのように2つに分け，「1項目で1つのことを聞く」ようにすると，実態をより的確に把握できます。

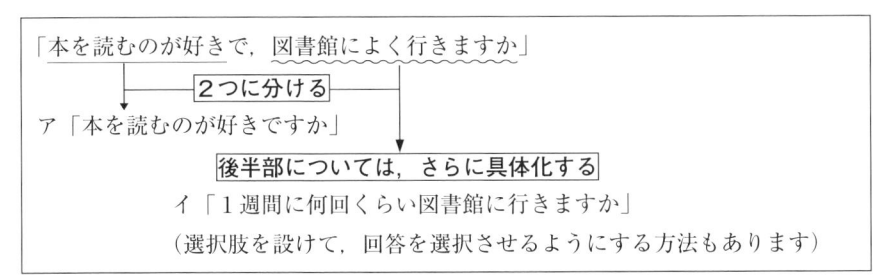

```
「本を読むのが好きで，図書館によく行きますか」
         ↓  2つに分ける  ↓
ア「本を読むのが好きですか」
         後半部については，さらに具体化する
    イ「1週間に何回くらい図書館に行きますか」
    （選択肢を設けて，回答を選択させるようにする方法もあります）
```

　なお，上のアは心情面に関する問い，イは行動面に関する問いです。
　このように，把握したい（目指したい）姿によっては，心情面と行動面の両面から項目を設定するとよいです。
　なお，本章2節「課題設定に関する指導」の最後に，"アンケートをとって「課題設定の理由」に入れる方法もあります。事前にとっておくと，事前→事後の比較ができ，子どもの伸びを数値化できます"と記していましたが，事後アンケートを行うことにしたものの，事前アンケートを行っていない場合の事後アンケートでは，次のような項目設定をすることが考えられます（正攻法ではありませんが）。

資料例4-4　事前アンケートを行っていない場合の事後アンケート例

（上のア「本を読むのが好きですか」を例にした設問例）

本を読むのは，好きですか。〇年生のはじめのころ（4～5月）とくらべてみましょう。
　　（　　）はじめのころより，とても好き。
　　（　　）はじめのころより，少し好き。
　　（　　）はじめのころと変わらない。
　　（　　）はじめのころより，少しきらい。
　　（　　）はじめのころより，とてもきらい。

※質問紙法については，『心理学マニュアル　質問紙法』（鎌原ら，1998）を参考にするとよいと思います。

> コラム 5

初任者研修の記録を残すために

　記録を残すために，まず考えることは，専用のファイルやノートを用意することだと思います。ここでは，それ以外に考えられる方法を紹介します。

1. 写真

　授業研修における観察指導など，初任者の先生の授業を見る機会は，数多くありますので，授業の様子を写真に撮っておくことが考えられます。

　その際，授業をしている様子だけでなく，子どもの活動の様子や板書も撮影しておくと，"実践の記録"という点でも有意義なものになりますし，板書の変容に着目すると，初任者の伸びも見えてきます。

　また，教室での授業の様子だけでなく，運動会などの学校行事での指導の様子を撮影しておくのもいいでしょう。

　ただし，写真を撮ることに気を取られ過ぎて，指導のためのメモをとることが疎かにならないように気をつけておく必要があります。

2. 初任者による自己評価（アンケート）

　自己評価（アンケート）を定期的に行うのも1つの方法です。

　例えば，次のような項目です。（ここでは授業場面に限定しています）

---
(1) 事前に考えていた手だてが機能し，授業のねらいが達成されていますか？
(2) 分かりやすい発問，指示をして，授業を進めていますか？
(3) 子どもの反応に応じて，その場で計画（発問や板書）を修正して，臨機応変に授業を行っていますか？
(4) 子どもを賞賛（場に応じた声かけ）して，意欲づけていますか？
(5) 机間巡視で，子どもの学習状況を把握しながら授業を進めていますか？
(6) 特に配慮を要する子への支援（個別指導，声かけ等）を行っていますか？
(7) 子どもは集中して落ち着いた雰囲気で学習していますか？
※それぞれの項目に何段階かの評定尺度(例えば5段階)を載せ，あてはまるところに○を付けてもらうようにしていました。

　定期的に行うことで，初任者の伸びが見えますし，不十分な点に着目すると，その後の初任者指導を進めていく上でのヒントを得ることもできます。

コラム6 研修日誌は，手書きにするか，それともパソコンで打つか

　初任者研修では，初任者も指導教員も，研修日誌を書かないといけません。研修内容を整理・記録する上で，日誌を書くことは重要なことですが，問題は，「日誌をどうやって書くか（手書きにするか，パソコンで打つか）」ということです。そこで，下にそれぞれの長所と短所を整理してみました（見た目の良し悪しは，取り上げていません）。

	手書きをする	パソコンで打つ
長所	持ち歩きに便利なので，どこでも好きなときに書ける。	何度でも打ち直すことができる。コピー＆ペーストして編集ができる。
短所	間違えないように，よく考えて書かないといけない（場合により下書きが必要）。	「いつでも，どこでも好きなときに書ける」わけではない。

　どちらにも一長一短があるわけですが，要は，その人にとって「どちらが短時間で書けるか」ということです。
　"手書き派"に理由を聞くと，「校外研修の際，休憩時間に少しでも書ける」「パソコンだと何度でも打ち直しができるので，つい考え過ぎ，かえって時間がかかってしまう」という人もいます。その反面，"パソコン派"からは，「やっぱりパソコンのほうが早い」という声を聞きます。
　ですから，初任者には，上の長所と短所を知らせた上で，どちらがいいか，選択させればいいのではないかと思います。
　指導教員の場合は，"また指導教員をする可能性がある"人は，パソコンで打っておけば，次に指導教員をするときには，非常に便利です（また指導教員をするかどうかは，本人には分からないことですが）。
　いずれにしても，日誌を書くには結構労力がいりますし，溜めると後が大変です。ですから，研修を行ったその日のうちに少しでも日誌が書けるように，研修の最後に少し時間を残して，初任者と指導教員が日誌を書く時間を確保することも大切ではないかと思います。

●引用・参考文献

引用・参考文献

■第2章

熱海則夫　2001　小学校児童　新指導要録の記入例と用語例　図書文化社
福岡県教育委員会　2003　活力ある学校経営の手引き（平成15年改訂）
石田恒好　2006　連載　教育評価の基礎・基本　第1回　教育評価とはなにか―測定，評定，評価の違い　指導と評価　平成18年4月号　日本図書文化協会
春日市立春日小学校　1999　平成11年度 第2学期末事務処理及び冬季休業中の勤務について
片岡徳雄（編著）　1981　全員参加の学級づくりハンドブック　黎明書房
片岡徳雄・倉田侃司　1984　全員参加の授業づくりハンドブック　黎明書房
文部省　1988　生活体験や人間を豊かなものとする生徒指導　中学校・高等学校編　生徒指導資料第20集　生徒指導研究資料第14集
文部省　1991　小学校における教育相談の進め方　小学校生徒指導資料7
文部省　1993　体育（保健体育）における集団行動指導の手引　東洋館出版社
文部科学省　2008　小学校学習指導要領解説　特別活動編
文部科学省　2010　生徒指導提要
坂本昇一（編著）　1982　小学校生徒指導の新展開　文教書院
高嶋正武　1989　学級経営案をどのようにつくればよいか　太宰府市立水城小学校　初任者研修資料
山本直俊　1989　学校の教育目標具現化のための学級経営案の書き方の基本　太宰府市立水城小学校　初任者研修資料

■3章

有田和正　1988　社会科発問の定石化　明治図書
有田和正　2001　教材（内容）のない指導案が多いのはどうしてか？　授業研究21　2001年12月号　明治図書
有田和正　2005　有田和正の授業力アップ入門　明治図書
安部哲也・勝本敬造・近藤直樹・弥由ゆう子　2004　コーチング力が身につくトレーニングノート　総合法令出版
石黒　修　1991　討論の技術　授業技術文庫8　明治図書
伊東　明　2002　人を育て，動かし，戦力にする実戦コーチング・マニュアル　ダイヤモンド社
岩下　修　1989　AさせたいならBと言え　明治図書
加藤　幸次　1982　個別化教育入門　教育開発研究所
教職実務研究会　1993　河野重男（監）　魅力ある授業づくりハンドブック　学陽書房
河野睦也　1984　若い教師のための授業入門11　学習ノートの指導　明治図書
松浦　宏・小坂敬二・石川正夫（編）　1986　指導技術100の工夫　学習研究社
野口芳宏　1986　国語教室の活性化　小学校編　明治図書

野口芳宏　1989　図解　よくわかる板書術　小三教育技術　9月号　小学館
齋藤　孝　2004　会議革命　PHP研究所
佐島群巳・次山信男・有田和正（編）　1983　社会科指導の基本と発展5―ノート・レポートの活用と授業　教育出版
杉嶋功治　2002　地区の初任者の代表による授業研究会における指導内容
戸田昭直　2006　相手がわかるように教える技術　中経出版
柳瀬　修　1990　算数・たのしい板書の技法　日本書籍

■4章

鎌原雅彦・宮下一博・大野木裕明・中澤　潤（編著）　1998　心理学マニュアル質問紙法　北大路書房
野田敏孝　2005　初めての教育論文　北大路書房

■コラム

小宮一慶　2007　ビジネスマンのための「発見力」養成講座―こうすれば，見えないものが見えてくる　ディスカヴァー・トゥエンティワン

索 引

●あ
後補充 2
アンケート 94

●い
一斉学習 64
意図的指名 57

●う
打ち合わせ 2

●か
改善 67
学習活動 69
学習形態 64
学習参観 3
学習指導案 32
学習指導要領 59
確認 57
学年主任 5
仮説 42
課題設定 78
学級経営案 20
学級事務 40
学級の教育目標 20
学級目標 14
学校行事 34
学校暦 2
家庭訪問 18
観察指導 44
観点別学習状況 40

●き
机間巡視 56
教育課程 22
教育相談 38
教科書 59
協議会 32
教材研究 59
教師の働きかけ 86
教頭 3
教務主任 3

拠点校指導教員 8
記録 44

●く
具体化 81
グループ学習 64
GROW モデル 48

●け
掲示物 14
研修計画 2
研修日誌 97

●こ
考察 78
校長 3
行動目標 69
校内研修 32
コーチング 46
個人懇談 30
子どもの反応 86
個別学習 64
根拠 67

●さ
細分化 78
座席表 4

●し
事後指導 45
指示 44
支持的風土 28
事前指導 56
実践的指導力 7
実態 20
実態調査 94
指導の実際 84
自評 66
週案 22
集団行動 35
週予定表 8
主眼 50

授業改善　44
授業分析　33
焦点化　81
所見　11
事例研究　78

●せ
成果　92
生徒指導　36

●そ
測定　24

●た
代案　58
体験活動　34
単元計画　50
単元目標　50

●ち
抽出児　86

●つ
通信簿　11,26

●て
手だて　20
展開　68

●ね
ネームプレート　15
ねらい　50
年間計画　8

●の
ノート点検　63

●は
背面黒板　15
配慮を要する子　11
発言力　60
発問　44

板書　50
判断　66

●ひ
非コーチング的　46
非常勤講師　2
雛形　87
評価　24
評価基準　11
評定　24

●ほ
方途　78
保護者　3
保護者会　17

●ま
まとめ　50

●め
めあて　50
目指す姿　20

●や
役割分担　10

■ おわりに ■

　西洋のことわざに「悪書にまさる泥棒はない（つまらぬ本を読まされれば，金も時間も失うことになる）」というものがあるそうです（平成21年2月26日　朝日新聞（朝刊）「天声人語」より）。

　本書が，初任者指導に携わる先生方のニーズ（指導の仕方を知りたい・すぐ使える資料がほしい）に少しでも応えられれば（上記でいう"悪書"とならなければ），これ以上の喜びはありません。もちろん，不十分な点も多々あることと思います。それらの点は，ご指摘，ご批正をいただけますと幸いです。

　「THE21」平成17年9月号（PHP研究所）には，特集記事「『ビジネスセレブ』になれる最強の勉強法」の中で，次のようなことが述べられています（ビジネスマンが対象ですが，教師にもあてはまると思います）。

　二十～三十代のビジネスマンには，"いかだ下り"の時期と"山登り"の時期がある。
　"いかだ下り"の時期…入社時～三十歳前後。やるべきことは「目の前の課題をクリアすることにとにかく必死になり，基礎力を身につけること」
　"山登り"の時期…三十代前半～四十歳。やるべきことは「自分の強みを活かせる専門分野を決めて，その分野の専門家になること」
　※ "いかだ下り"をずっと続けていると，「社内でしか通用しない＝市場価値の低いミドル」になってしまう危険性が大きい。

（「THE21」平成17年9月号，p.13より要約）

　初任者研修は，この分類では"いかだ下り"の時期の研修になりますが，次の"山登り"の時期にもつながる研修であったらいいと考えています。

　本書も，前著『初めての教育論文』同様，家族の理解と協力なくしてはできあがりませんでした。妻　利恵，娘　真可に，とても感謝しています。

　本書の出版にあたりましても，北大路書房編集部　薄木敏之氏に，大変お世話になりました。誠にありがとうございました。記してお礼を申し上げます。

　　　　　　　　　　　　　　　　　　　　　　　平成23年2月　　野田　敏孝

●著者紹介

野田敏孝（のだ　としたか）

1960年	福岡県に生まれる。
1984年	福岡教育大学　小学校教員養成課程社会科卒業。
同　年	福岡県太宰府市立水城小学校教諭。
	以後，春日市立春日東小学校，春日小学校，春日西小学校，白水（しろうず）小学校教諭，白水小学校教頭，大野城市立御笠の森小学校教頭，筑紫野市立吉木小学校教頭，校長，太宰府市立水城西小学校校長，水城小学校校長，太宰府南小学校校長，私立麻生学園小学校常勤講師を経て，現在，山口短期大学　博多キャンパス　児童教育学科初等教育学　非常勤講師。この間，国内留学等長期派遣研修員として，福岡教育大学大学院　教育学研究科学校教育専攻にて長期研修。初任者指導教員を，春日小学校，春日西小学校，白水小学校で，計4回担当。

著書		
	1991年	歴史を見る目を育てる人物学習（共著）　第一法規出版
	1995年	授業技術の開発と使い方のアイデア（共著）　明治図書
	2005年	初めての教育論文（単著）　北大路書房

指導教員のための初任者研修ガイドブック
―準備と進め方のポイント―

| 2011年4月10日 | 初版第1刷発行 | 定価はカバーに表示 |
| 2024年6月20日 | 初版第4刷発行 | してあります。 |

　　　著　　者　　野　田　敏　孝
　　　発　行　所　　㈱北大路書房
　　　　　　　〒603-8303 京都市北区紫野十二坊町12-8
　　　　　　　電　話　(075) 431-0361㈹
　　　　　　　ＦＡＸ　(075) 431-9393
　　　　　　　振　替　01050-4-2083

©2011　　　　制作／見聞社　　印刷・製本／㈱太洋社
検印省略　落丁・乱丁本はお取り替えいたします。
ISBN978-4-7628-2751-8　　　　　　　Printed in Japan

・ JCOPY 〈㈳出版者著作権管理機構 委託出版物〉
本書の無断複写は著作権法上での例外を除き禁じられています。
複写される場合は，そのつど事前に，㈳出版者著作権管理機構
(電話 03-3513-6969,FAX 03-3513-6979,e-mail: info@jcopy.or.jp)
の許諾を得てください。